乡愁中国

# 京杭大运河

## 光影实录

THE BEIJING-HANGZHOU GRAND CANAL

《京杭大运河光影实录》编委会 编
仰坡 文

## 江苏卷

JIANGSU VOLUME

北京出版集团公司
北京美术摄影出版社

**图书在版编目（CIP）数据**

京杭大运河光影实录. 江苏卷 / 《京杭大运河光影实录》编委会编 ； 仰坡文. — 北京 ：北京美术摄影出版社， 2019. 10
（乡愁中国）
ISBN 978-7-5592-0293-2

I. ①京… II. ①京… ②仰… III. ①大运河 — 文化 — 江苏 IV. ①K928. 42

中国版本图书馆CIP数据核字 (2019) 第184470号

责任编辑：耿苏萌
助理编辑：班克武
责任印制：彭军芳

**乡愁中国**
**京杭大运河光影实录　江苏卷**
JING-HANG DAYUNHE GUANGYING SHILU JIANGSU JUAN
**《京杭大运河光影实录》编委会　编**
**仰坡　文**

出　版　北京出版集团公司
　　　　北京美术摄影出版社
地　址　北京北三环中路6号
邮　编　100120
网　址　www.bph.com.cn
总发行　北京出版集团公司
发　行　京版北美（北京）文化艺术传媒有限公司
经　销　新华书店
印　刷　天津联城印刷有限公司
版印次　2019年10月第1版第1次印刷
开　本　787毫米×1092毫米　1/16
印　张　15.25
字　数　168千字
书　号　ISBN 978-7-5592-0293-2
定　价　88.00元
如有印装质量问题，由本社负责调换
质量监督电话　010-58572393

# 总序

※

中国从黄河流域的部落联盟，成长为屹立地球东方2000多年的世界一极，历史上的几次重大工程功不可没。其中，京杭大运河的开通，对国家资源的调配起到重大作用，使生产效率大幅度提高，让当时的中国迅速走上快车道。

翻开历代史书，很大一部分内容与运河治理有关：改道、建闸、修堰、筑坝、造堤、疏浚……由于华夏大地西部和北部高，东部和南部临海走低，所以大江大河统统由西往东汇入大海。为了方便沟通南北，势必要开挖南北向的人工运河。这样的尝试，早在春秋时代即已开始——吴越两国都曾开挖北跨长江、淮河的运河。但是，要想开通更加四通八达的大运河，需要以统一中国为前提。秦帝国昙花一现，汉帝国忙于备战匈奴，历史将这个“大任”降到了隋炀帝杨广的身上。

杨广开挖的隋唐大运河，就像一个巨大的“人”字，横亘在华夏大地东侧。“人”字顶端是隋朝首都洛阳，一撇向东南直达余杭（今杭州），一捺向东北至涿郡（今北京），总长约5000里。隋唐大运河开通后，帝国就像巨人被疏通了血管，顿时活力迸发。

我们今天看到的京杭大运河，是杨广死后600多年，由草原民族政权元朝皇帝忽必烈奠基的。元朝将首都定在北京——华北平原北大门，漕运通道的调整势在必行。忽必烈把“人”字“裁弯取直”，运河从北京往南直走山东、江苏到浙江，成为大写意的“一”字。江南的新绿氤氲了燕赵的灰黄，帝国的生机得以延续，通州、天津、临清、济宁、淮安等城市陆续被“点亮”，运河新城纷纷崛起。

大运河不仅沟通南北，还面向更广阔的世界。它的一端通过宁波港连接海外诸国，另一端则从中原衔接横贯亚欧的“丝绸之路”，旺盛的出口贸易，给帝国带来滚滚财富。除了促进中国的南北大融合，大运河还是一部以水波为文字、白帆为标点写下的文化史。上千年来，无数文人墨客、商贾巨富、匠师艺人在河面南来北往，这既是一张熙熙攘攘的物流运输图，也是一幅多姿多彩的文化交流图。

在华夏的版图上，京杭大运河与长城，一动一静，一虚一实，一拓展一防御，一南北一东西，共同构建起中华民族的心理原乡。作为中华儿女，不管走到哪里，翘首回望，都会看到这两条长长的飘带。“寄语飞南归北雁，大河头尾是家川。”

本丛书立足史实，图文互映，力图从人文地理、社会经济、传承保护和诗性审美等不同维度，展现时空交错的大运河全景图，还原这历史华章的风采。书里的每一个字，都被运河的浪花所濡湿。

江苏境内的京杭大运河，兼有北方的粗犷大气和南方的钟灵毓秀。在先后纵贯黄河、淮河，与这两位喜怒无常的巨无霸搏斗并获胜后，它终于放松下来，以不疾不徐的姿态流过扬州，跨过长江，到达风和日丽的江南。江苏有6个城市的运河段进入世界文化遗产名录，包括宿迁、淮安、扬州、常州、无锡、苏州。

宿迁是西楚霸王项羽的故乡，也是水乡泽国，带有“水”字旁的地名比比皆是，比如沭阳、泗阳、泗洪等。它还是全国唯一拥有两大著名淡水湖——洪泽湖、骆马湖，和两大著名河流——大运河、黄河故道的地级市。

宿迁以南，就是淮安，为“淮水安澜”之意。历史上的淮河，一直以桀骜不驯闻名，驯服淮水，是历代人民的梦想。它还是中国南北地理分界线，“橘生淮南则为橘，生于淮北则为枳”，意思是一过淮河，风土人情就大为不同。

越过淮安，大运河将那些云谲波诡抛在身后，继续南行，终于进入一马平川的坦途。“岸蓼疏红水荇青，茨菰花白小如萍；双鬟短袖惭人见，背立船头自采菱”，江南美景渐次跃入眼帘，前面就是曾经的江左第一大都会——扬州。由于濒临长江，东靠黄海，运河穿城，扬州自古商贸发达，物产丰富，人文鼎盛，“软实力”冠绝天下，是无数文人墨客向往的地方，“天下三分明月夜，二分无赖是扬州”。

再往南，就是滚滚长江。在金、焦二山的俯视下，在白娘子水漫金山寺的传说中，大运河攀上长江南岸，从镇江一路向东南奔去，来到江南名城常州。唐代以来，常州逐渐成为江南的物资集散中心。

运河从常州往东南延伸，一路渐入佳境，湖光山色，稻花飘香，洪涝远遁，堪称福地，无锡到了。

这里的市区段运河被称为“水弄堂”，民居临窗面水，石埠错落有致。当烟雨空蒙时，桨声灯影，白墙黑瓦，如行画中，仿佛来到了审美王国。任是谁坐着夜航船，在冬雪中，在春风里，听着船底下的水声行路，都很容易被熏陶成一位诗人。

依依不舍地告别无锡，运河继续向东南流去，风越加温和，水也更多情，前面就是苏州。

“世间乐土是吴中”，大运河苏州段是中国古文化的长廊、博物馆和百科全书。早在春秋战国时，吴王夫差、权臣伍子胥就在这里筑城建市，大兴水利，奠定了苏州富庶的基础。隋唐以来，苏州由于地处水陆要道，山川秀丽，物产丰饶，“人间天堂”的美名渐渐流传开来。京杭大运河开通后，更是插上了腾飞的翅膀，属于苏州的盛世降临了。

# 江苏卷

宿迁
淮安
扬州
常州
无锡
苏州

# 目录

※

宿迁
淮安
扬州
常州
无锡
苏州

新城春色晓苍苍

# 宿迁

# 第一章 江苏最年轻的古城

## ——宿迁城市概述

宿迁是西楚霸王项羽的故乡，位于长三角北翼，是江苏省最年轻的地级市，下辖沭阳、泗阳、泗洪三县和宿豫等区。它北倚骆马湖，南临洪泽湖，京杭大运河穿境而过。在中华版图上，恰处于秦岭—淮河分界线上，地理文化融合了南北特点。

### 1. 伏羲的后裔

宿迁地名的由来，

> 行驶在大运河道上的船只

有人开玩笑说是“夜里搬家”，有的说因水患频发而“宿城三迁”。比较可靠的说法是，“古宿国人迁于此”。春秋时的宿国大概位于现山东东平地区，据传是远古伏羲氏的封国。

宿迁市1996年才成立，但是这块土地的历史非常悠久。泗洪县天岗湖发现的长臂猿化石是亚洲迄今发现最早的古猿化石之一；泗洪淮河岸边有“下草湾人文化遗址”，证明5万年前便有人类在此活动。

春秋时期，这里为钟吾国辖地，后宿国迁都于此。秦朝时置下相县，所以宿迁古称“下相”。西汉时建泗阳县，后又置泗水国。东晋时，下相县被改为宿豫县，如今宿迁下辖的宿豫区沿用的就是这个名字。唐朝时，宿豫县移治于下相城故址。唐宝应元年（762年），为避唐代宗李豫之讳，改宿豫县为宿迁县，这是“宿迁”在历史上的首次亮相。

由于地处南北交界，宿迁曾长期处于南北政权拉锯的夹缝中。汉末至南宋近千年间，各种力量对峙僵持，移民和流民大大改变了这一地区的人口构成。

南宋以前，这里虽时常受战乱影响，经济却还算殷实发达。但是自南宋建炎二年（1128年）起，这里陷入了水患危机。这年南宋为抵御金兵南下，挖开黄河堤防，造成黄河夺淮入海，“淮水东流古宿迁，荒郊千里绝人烟”。所以，宿迁很多村庄都叫台、墩、圩。直至清咸丰五年（1855年），黄河才北迁山东入海，解除了这里的水患。

水网密布，也造就了宿迁独特的景观，它既有江南的山水，又有北国的旷野。明代著名学者杨士奇于某年重阳节经过宿迁时，看着安乐祥和的水乡人家——小院、篱笆、渔船、河汊，不禁分外怀念家乡，写下《九日过宿迁县》：

挂席迢遥晚未休，行程逦迤望邳州。
数家农舍通篱落，几处渔舟聚洑流。
回首乡园天渺渺，惊心时序水悠悠。
紫萸黄菊非无意，沙鸟汀云漫自愁。

## 2. 楚风汉韵，水乡泽国

历史上的宿迁，英才辈出。有三国谋士鲁肃、乾隆的老师徐用锡、中国人民解放军炮兵奠基人朱瑞等。这里还留下不少名人足迹，北宋著名科学家沈括、清代大诗人袁枚等曾在这里为官。不过名气最大的，非西楚霸王项羽莫属。“生当作人杰，死亦为鬼雄。至今思项羽，不肯过江东。”中国人常以成败论英雄，但项羽是个例外。

家乡人民为了纪念这位让秦末诸侯闻风丧胆，对下属却体恤照顾的大英雄，在其出生地——下相梧桐巷立碑、建坊，历代修葺扩充不休，形成规模宏大的项王故里风景区，吸引了无数游人前来膜拜。

宿迁历史上有过多位帝王驻跸，修建过不少行宫。泗阳县张家圩镇腰庄村至今仍留有春秋时代楚国细腰宫遗址，是楚灵王带宠妃们外出嬉戏之所。“楚王好细腰”的典故即出于此。

京杭大运河凿通后，宿迁交通更加便利，“北望齐鲁，南接江淮，

> 宿迁运河边的人们：铁匠师傅　　谢白 / 摄

> 宿迁市，无人机航拍泗洪县龙集镇东嘴渔村的美丽水田风景　贺敬华 / 摄

居两水（即黄河、长江）中道，扼二京（即北京、南京）咽喉”。乾隆皇帝六下江南 5 次驻跸于此，赞为“第一江山春好处”。坐落于皂河古镇的乾隆行宫高门大院，极尽奢华。城中商人会馆遍布，还有极乐律院、基督教堂、天主教堂等宗教建筑，是当年宿迁八方商贾云集、文化交流频繁的见证。

宿迁总面积的四分之一是水面，“水”已经根植于宿迁人的文化记忆中。下辖县市的名字大多带“水”字旁，比如沭水之北的沭阳县、泗水之北的泗阳县、泗水和洪泽湖交汇处的泗洪县。水更带来了财富：航运发达，鱼虾肥美，还酿制出了地方名酒——洋河酒、双沟酒。

宿迁是全国唯一拥有两大著名河流、两大著名淡水湖的地级市。大运河、古黄河流经市区各处 15 千米，好似两条玉带，为城区增添了飘逸和灵秀；2000 多平方千米的洪泽湖、近 400 平方千米的骆马湖镶嵌在宿迁南北，烟波浩渺，犹如两大绿肺，把这片水乡泽国造就成黄淮地区最大氧吧。“到宿迁来做深呼吸”，成为宣传旅游最好的广告语。

宿为“留”，迁为“走”。人们都是怀着对美好生活的向往而留下，也是为了追寻美好生活而迁走。当宿迁变得越来越美时，这个选择就会变得很简单。

> 宿迁三台山森林公园的衲田花海景区　贺敬华 / 摄

# 第二章 东风更假帆樯便

## ——宿迁河城共生

大运河由西北转向东南经过宿迁城区，状若弯弓，蜿蜒而过。“弓背”上的古运河风光带，是这个城市温柔的弧线。这条河上下游分别与骆马湖和洪泽湖两大淡水湖相通，带来了源源活水。两岸杂树生花，绿地如茵，高楼掩映，是市民散步、踏青的绝佳去处，被誉为宿迁老城的“金外滩”。尤为珍贵的是，京杭大运河宿迁段的中运河段和皂河龙王庙行宫，作为大运河的典型河道和重要遗产点，成功入选世界文化遗产名录。

> 正月十五，宿迁市项王故里“2018 宿迁灯会”上，万千市民和游客傍晚会聚这里，喜迎元宵佳节　周国强 / 摄

## 1. 枕着古黄河入梦

宿迁的运河史要比京杭大运河更为悠久，演变也更复杂。据《水经注疏》记载，早在春秋时期，“偃王治国，仁义著闻，欲舟行上国，乃沟通陈蔡之间”。说的是当时徐国（国都在泗洪大徐台村）国君徐偃王开挖淮阳（陈国都城）与上蔡（蔡国都城）之间的运河，使沙水、汝水相互连接，陈蔡之间直接通航的事迹。

> 行驶在洪泽湖上的船只　许昌亮 / 摄

后来，野心勃勃的吴国君主夫差为了北上争霸，修建了一条南起钱塘，跨长江，越泗水、淮河，经宿迁境内的徐国、厹犹（泗阳县古称）、钟吾等国，直达黄河的人工运河。兵粮往来，川流不息，造就了沿线最初的繁荣。不过，由于河流多次改道以及王朝更替等原因，这些运河故道都踪迹难寻，湮灭在泛黄的史料中。

## 2. 轻舟直下溯潆洄

隋代时，为了加强中央集权和南粮北运，隋炀帝下令开凿通济渠。轰轰烈烈的运河工程就此展开。

今天的大运河宿迁段包括不同时期开挖的三部分河道：一是隋

代南北大运河的通济渠（老汴河）流入淮河的尾间部分。通济渠分东西两段，西段起自东都洛阳，引谷水和洛水东行到达黄河；东段起自板渚（今河南荥阳北）引黄河水东行汴水故道，一路经过河南、安徽诸地，进入江苏泗洪至盱眙县城北注入淮河。泗洪境内的老汴河河道即为当年通济渠的一段。

二是元明开挖的京杭大运河主航道的黄河故道（原泗水）下游。元代大运河的重点工程在山东与苏北段，会通河开通后，今江苏泗洪、盱眙境内的汴水虽然依旧入淮，但大运河航道从此北移，由河南移到山东。河道经徐州，穿宿迁，达淮安，取代旧运河河道，担当起南北漕运的重任。明代，苏北运河段沿古黄河故道（即古泗水）南行，经常遭遇洪涝灾害，徐州至淮安的运河河道屡屡受阻。于是，朝廷在徐州、宿迁与山东交界处开凿了南阳新河与泇运河。南阳新河自鲁南昭阳湖经夏镇（今山东微山县东）到留城；泇运河自夏镇经邳州入宿迁直河口，全长260多里。

三是清康熙年间开挖的中运河。它北接山东境内的会通河，南出骆马湖经宿迁注入黄河、淮河交汇处的清口，总长约200千米。

> 运河的发展为宿迁带来了经济的腾飞，正在忙碌的女工　许昌亮 / 摄

中运河是奠定京杭大运河走势的最后一项大型工程，对清代漕运起了决定性作用。濒临湮废的世界第一人工河得以重新通航，给苏北留下一条宝贵的黄金水道。

### 3. 昔日扁舟白鸟，如今巨轮戏水

清中叶以后，由于黄河多次决口，侵淤运河，导致中运河河床

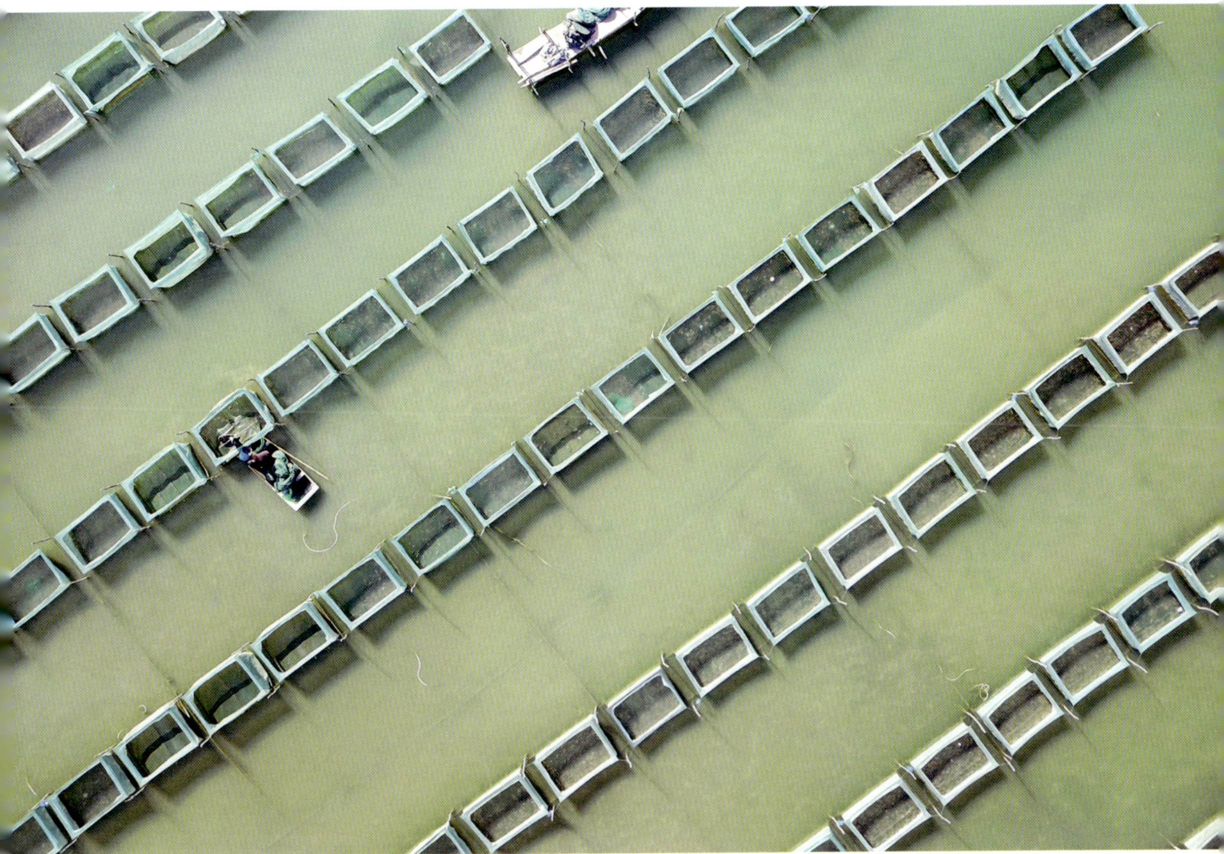

> 宿迁泗洪的蟹田　许昌亮 / 摄

不断垫高，水流变浅。朝廷陷于内忧外患，无力整治，导致漕运时常受阻。清同治之后，运费省而速度更快的海运兴起，河运不再受到重视。

清光绪二十七年（1901 年），漕粮改为折色（古代所征田粮折价银钞、布帛或其他物产），漕运停止。津浦铁路的通车，进一步令河运荒废。加上天灾人祸、战乱频繁，中运河只能保持区域性通

> 航拍洪泽湖　贺敬华 / 摄

航。直到中华人民共和国成立后，才再次焕发出生机。

21世纪以来，政府配合国家“南水北调”东线工程建设，大力实施中运河综合整治工程。经过多年努力，一条兼具文化和生态价值的运河风光带展现在宿迁城区，从北至南分为生态公园、滨水商业区、运河遗址公园、生态居住区等多个功能区，成为独具特色的宿迁“浦东”。在专家编制的《大运河宿迁段遗产保护规划》中，大运河宿迁段遗产总数为47项，包括水利工程、历史古迹、非物质文化遗产、生态景观保护区等，并且认定“宿迁是全国唯一拥有大运河三个历史阶段不同主航道的城市”。

不少初到宿迁的客人都会惊讶于宿迁段运河的宽广和繁忙，比昔日漕运鼎盛时期有过之而无不及，只不过挂着布帆的木船变成了上千吨级的钢甲巨轮，还时不时看到数十艘驳船连接成行，载着满

> 骆马湖畔鱼飘香　戚善成 / 摄

满的煤、钢等物资，绵延数里，浩浩荡荡，如铁龙戏水。目前，大运河东岸的宿迁港塔吊繁忙，日夜不息，年吞吐量达上千万吨，是大运河沿线 18 个城市中第一大港、大运河中上游最快捷的出海口、苏北地区最大对外口岸。

# 第三章

# 风好正是扬帆时

## ——宿迁大运河道

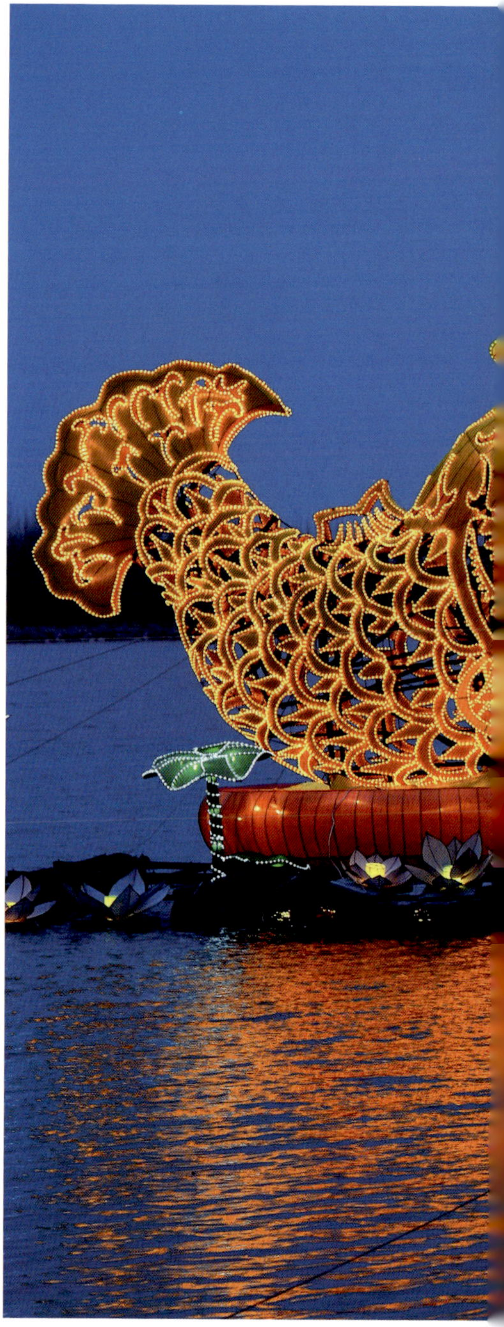

### 1. 骆马湖：大运河之“肾”

“清清的骆马湖啊，一望无穷。站在那湖岸上啊，从西望不到东。秋水养肥虾和蟹，碧波怀抱菱和藕。丰收的渔歌一声声，唱到我心中……”宿迁人大多知道这首《清清骆马湖》，悠扬婉转，似乎唱尽了骆马湖的富饶与美丽，但又唱不尽骆马湖的万般妖娆。

#### （1）江苏一盆净水，华东天然氧吧

骆马湖是江苏四大湖泊之一，也是南水北调的重要中转站。

> 骆马湖上的彩灯　周国强 / 摄

＞骆马湖晚霞风光　王建花 / 摄

北接沂蒙水，纳水源之丰沛；南贯大运河，占航运之要冲。

它拥宿迁和新沂二市，位于宿迁宿豫区、宿城区西北，北起堰头村圩堤，南至扬河滩（宿迁市）闸口，直线长 27 千米；西连中运河，东临马陵山南麓——嶂山岭，平均宽 13 千米，湖水面积随水位不同在 300 千米上下增减。湖水多来自沂蒙山洪和天然雨水，周边没有工业污染，常年水体清澈。湖内有橄榄岛、渔歌岛、卧龙岛、陆渡口岛等 18 个岛屿，有芦苇荡、白鹭鸟区、荷花塘等众多自然景观，被赞为“江苏一盆净水，华东天然氧吧”。

这里四季分明，风光各异。春天，芦蒲苍翠，天蓝水碧，野鸭贴着水面，溅起浪花点点；夏天，荷花盛开，粉妆玉琢，鱼翔浅底，舟楫悠悠；深秋，蒹葭苍苍，寒芦落雁；冬季，人迹杳然，北国风光。骆马湖曾名乐马湖、马乐湖、路马湖等。史籍上对骆马湖最早的记载见于《大金国志》，写道：金天会九年（1131 年）“夏，挞懒之众自淮东归淮北，休兵于宿迁县乐马湖”。到明代以后，方志典籍中对骆马湖的记载逐渐增多，说明它跟当地经济民生的联系越来越密切。

自形成以来，骆马湖变化剧烈。早在明万历年间，骆马湖区就分布着若干小湖泊，枯水期各自成湖，盛水期连成一片，形状大致为菱形。明末清初，战乱频仍，湖水逐渐淤积，水位降低。清康乾以来，政府兴修水利，骆马湖水源又变得充沛，开始向四周扩张，成为京杭大运河上的重要湖泊，起着调蓄水位、保障漕运的重要作用。它也是苏北平原难得一见的“山水画廊”，清代程式惠就在《秋日游湖》里写道：

秋水连天碧，夕阳著地红。

鸟啼深树里，人在画船中。

### （2）碧水连天滋养运河

清代以来，骆马湖的水域逐渐扩大，不过直到中华人民共和国成立初期，骆马湖还只是滞洪的过水湖。20 世纪 50 年代以来，为解决沂沭泗流域的洪水出路，将骆马湖改为蓄水库，从此骆马湖湖区越发生机勃勃，成为确保下游人民生命财产安全的主要屏障和资源宝地。

由于骆马湖水质上佳，鱼虾满湖，尤以银鱼、大青虾、螃蟹、龙虾最为有名。其中，银鱼通体洁白透明，形如根根银条，肉质细嫩鲜美，有“水中白银”“水中人参”美誉；大青虾以个大、肉饱满，闻名遐迩，用大青虾卤制的醉虾更是别有风味；螃蟹肥厚硕大，雄者脂白如玉，雌者脂黄似金，让人食指大动。

骆马湖湖域文化底蕴深厚，有青莲岗文化遗址、西楚霸王项羽出生地、霸王扳倒井、唐代名将薛仁贵“藏兵洞”、南宋名将韩世忠屯兵营、乾隆行宫等。

湖区还有一座座雄伟壮观的大型水利工程。嶂山闸全长 429 米，为国家一级水工建筑；皂河抽水站位于骆马湖西大堤，是国家特大水利工程，是南水北调东线第六梯级泵站。站内两台巨大的水泵同时开足，每天可抽排水 2 亿多立方米，向北送去不绝的江南碧水，润泽华北大地。

### 2. 中运河宿迁段：漕运腹地的景观大道

宿迁段运河全长约 112 千米，两岸生态环境优良，是苏北航运的黄金水道和南水北调的主要通道。京杭大运河沿线虽然有上千处遗迹，但是保存完好，具有重要价值的遗产点与河道并不多。其中，中运河宿迁部分由于在历史上发挥过显著作用，并且保护得当，作为典型河道入选世界文化遗产名录。

#### （1）挽救清代漕运的中运河

中运河的开凿是奠定京杭运河走势的最后一次大型工程，对洳河至清口漕运的畅通起了决定性作用。康熙、乾隆都曾为巡视河工而驻跸宿迁，留下了龙王庙行宫等历史遗迹和大量故事传说。中运河宿迁段上起宿迁和徐州交界处的窑湾镇，下至宿城区大王庙，长约 41 千米。明末清初，由于连年战乱，国力衰竭，黄河失修，水流不畅。康熙执政后，将漕运作为“立国之本”来抓，甚至亲自巡视现场，勘察地形。康熙十五年（1676 年），黄河、淮河齐发大水，洪水汇入运河，泛滥成灾。翌年，康熙帝任命安徽巡抚靳辅为河道总督，决心根治河道。经过仔细调研，靳辅提出一系列治水方案，其中主要措施就是开挖中运河。它北接山东境内的会通河，南出骆马湖经宿迁注入黄河、淮河交汇处清口，总长 200 多千米。

> 泗阳大运河泗水阁　沈旻 / 摄

> 泗阳风光大运河泗水阁　沈旻 / 摄

具体施工时，从淮阴黄河北岸遥堤和缕堤之间开挖一道运河，经桃源（今泗阳）、宿迁至支河口，康熙二十七年（1688年）春竣工。因位于两堤之间，故名“中运河”。从此南北漕运通过中运河而避开黄河之险，濒临湮废的世界第一人工河终于重新贯通，不再受黄河肆虐。一次康熙皇帝南巡回銮经过宿迁，轻舟直下，顺风顺水，龙心大悦，写下《自宿迁解缆，一日夜达山东境》：

千里南程几日回，轻舟直下溯潆洄。

天风更假帆樯便，一夕山东境上来。

（2）运河保护性开发的典范

清末到 20 世纪 80 年代，由于长期索取无度，加之主观上不够重视，管理不善，中运河宿迁城区段污染严重、淤泥深厚、航道变窄、水路不畅，阻碍了运河调水、航运、灌溉、防洪等综合效益的发挥，也影响了沿河居民的生活质量。

21 世纪以来，市政府呼应国家“南水北调”东线工程建设，开始实施中运河城区段水环境综合治理工程。通过搬迁企业、清除滞留船只、迁移运河子堤、河道清淤、建设桥梁等措施，提升了通航能力。运河沿岸防洪标准由原先 20 年一遇提高到 50 年一遇，解决了水环境污染及人居环境问题。

如今的大运河宿迁段，呈现出生机盎然的湿地生态，河流得到骆马湖灌溉，水体常年流动，游鱼水藻清晰可见。绿树成荫，野鸟回归，一片田园风光，形成了移步易景的“运河风光走廊”，被批准为“国家级水利风景区”。沿河原有的河工设施及古迹得到保护性开发，将运河历史有机融入了城市建设。走在运河两岸，如同参观一座开放式运河博物馆，拥有御码头、旧城遗址、寿圣禅林遗址、敕赐极乐律院遗址、宿迁孔庙等珍贵遗产。运河边上的老居民感慨道，这十几年来，运河沿岸的环境越来越好，一来到河边，看着水波听着鸟鸣，整个人都舒畅了。每天早起来到河边锻炼身体，成为许多市民的生活习惯。

# 第四章

# 第一江山春好处

## ——宿迁运河人文遗产

### 1. 皂河镇：安享运河旧时光

透着岁月光泽的青石板路两边，是鳞次栉比的老字号店铺、手工作坊、休闲茶楼、民间艺术展馆；穿着随意的游客不慌不忙经过一门一户，逛着小店，逗着猫儿、狗儿……这如同电影长镜头里走出来的“慢生活”，每天在皂河古镇悠然上演。坐落在宿迁市湖滨新区的皂河镇，位于烟波浩渺、水天一色的骆马湖湖畔，南临古黄河风光带，北接新沂市窑湾镇，拥有江苏省四大淡水湖之一的骆马湖三分之二水域。

“皂河”原是发源于山东郯城的墨河的一条支流，南入古京杭大运河，因水底土色发黑而得名。清康熙年间，朝廷开中运河与皂河口相接，河边的集市发展成人烟稠密的水陆码头，商贾不绝，成为宿迁西北部经济贸易中心和运河名镇，是苏北、鲁南、皖北交界地带极负盛名的商贸中心。道光年间，曾任河南道直隶州判的卢盛芝，告官回乡后在集市周围筑圩防寇，集镇的规模进一步提升。

> 皂河古镇庙会祈福。成千上万来自全国各地的游客，从四面八方涌向皂河古镇，来龙王庙烧香祈福，喜逛皂河庙会　周国强 / 摄

皂河古镇的街道以龙王庙为源头，通圣街为主干，骆马湖路、闫河路为旁枝。各种古迹洒落其间，就像梅花点点。走进小巷深处，寻常人家的生活就像一帧帧的老照片：单孔生烟的小煤炉，破旧的三轮车，串门话旧的老奶奶，还有嬉笑追逐的孩子，一切就像被封存在了旧时光中。

皂河古镇遍布大量文物古迹，众所周知的龙王庙行宫、御码头是国家级文物保护单位，此外还有陈家大院、和善堂、财神庙、陆圩岛遗址、龙王庙井、曹四圩岛、柯家井、皂河老船闸、老张圩墓群等；水利工程遗产有皂河节制闸、坯洪河节制闸、皂河翻水站、皂河船闸等。它们见证了皂河镇数百年的漕运繁荣。

> 每年的农历正月初八、初九、初十这三天，为皂河安澜龙王庙庙会之日。游客可在龙王庙里听戏　周国强 / 摄

## 2. 安澜龙王庙会：香火旺盛五百年

自明代后期以来，每年农历正月初八、初九、初十这三天，为皂河安澜龙王庙庙会举办日，尤以正月初九这天， 人流量最大。逛庙的、敬神的、看景的、购物的，热闹非凡，“木刀木剑红缨枪，桃猴玉兔青竹蟒，剪纸雕刻拨浪鼓，糖人泥哨小花棒”，可谓一年一度的盛典，当地人称为“皂河初九会”。

为了迎接盛会，过年之前，皂河地区的扎匠就会集中起来制作焰火。到了初八晚上，他们会将制作好的焰火集中在龙王庙西侧的龙潭广场燃放。一时间，整个广场成为烟花的海洋，蔚为壮观，拉开了初九庙会的序幕。初九是正祭日，祭神活动结束后，就是盛大的“半朝銮驾”仪仗队游庙活动。“半朝銮驾”是乾隆皇帝敕封给龙王庙的礼仪执仗，有黄盖伞、龙门旗、金瓜、月斧等仪仗道具。一路上还有花车、花船、高跷、舞龙、舞狮等表演，人山人海，应接不暇。柳琴戏是重头戏，台上演员们字正腔圆，行云流水，台下的观众们如痴如醉，连连叫好。

由于人流密集，行商坐贾纷至沓来，地方特产琳琅满目，如乾隆贡酥、水晶山楂糕等传统名点，竹编、麦秆画、柳编、糖人、泥塑等工艺品，吸引了一拨又一拨游客争相购买。敕建安澜龙王庙曾为乾隆行宫，加之庙宇壮观，冠绝苏北，吸引了附近山东、河南、安徽几省的善男信女前来“赶会”，欢庆场面数百年来长盛不衰，被列为苏北36处香会之首，堪称中国民俗史上的奇观。2009年，皂河龙王庙会被江苏省政府列为省级非物质文化遗产。

经过500年传承发展，今天的龙王庙会已由原来单一的民间活动演变成集祭祀祈福、文化交流和商品贸易为一体的大型民俗活动。政府高度重视庙会的举办工作，每年都会专门安排人力物力负责庙会期间的宣传策划、氛围营造、秩序维护和安全保卫等工作。据统计，庙会成为非遗项目以来，每年参加祭祀、游览、购物的游客超过100万人次，商品贸易成交额达亿元以上。

> 航拍雨后初霁的京杭大运河。雨后的空气非常清新，从天空俯瞰，夕阳下的大运河仿佛是一条美丽的丝带，横贯古城淮安　吴扬 / 摄

# 淮安

# 第五章 淮水东南第一州

## ——淮安城市概述

中国有句古语：“橘生淮南则为橘，生于淮北则为枳”，意思是一过淮河，风土人情就大为不同。淮河是我国南北方分界线，也是历代乱世南北政权的割据线，所以南宋诗人王信发出“谁将淮水分南北”的感叹。

### 1. 天下之中南北分界

千里淮河逶迤而来，穿淮安城而过。淮安，意为“淮水安澜”。位于长江和黄河之间的淮河，历史上一直以桀骜不驯、难以治理闻名。淮安的标志性建筑、始建于宋代的镇淮楼矗立在楚州老城，寄托着古人驯服淮河的心愿。

淮安东近黄海，西拥洪泽湖，南临高邮湖，北与宿迁、连云港相连，京杭大运河在此与淮水交汇。独特的地理位置和丰富的水资源，注定这是一座为河而生的城。“运河之都，美食之乡，文化名城，伟人故里”是淮安最具特色的 4 张名片。

历代以来，淮安的疆域和名字在不断变化。兴衰背后，都与淮安“南船北马”的枢纽位置有关。《泗州志》里说，“天下无事，则为南北行商之所必历；天下有事，则为南北兵家之所力争”。

春秋之前，长江、淮河之间没有水道沟通，江南的舟楫北上黄河，必须从淮河入海口溯流而上，进淮水、泗水，再到黄河。淮安地界的泗水入淮处就成为码头，奠定了淮安的区位优势基础。

春秋末年，吴王夫差为了北上中原争霸，征召民工开凿了邗沟。他从扬州引来长江水，经高邮湖、宝应湖、射阳湖，在淮安城北的末口（现礼字坝附近）入淮，于是这里日渐繁荣起来。

秦统一天下，推行郡县制。在淮河之南设立淮阴县，辖区大致包括今清江浦区、淮安区、淮阴区等。这是历史上淮安第一次有了县级建制的记载。由于“信而好古”的传统，淮安人往往喜欢在自己署名前冠以“淮阴”二字。

秦朝时的淮阴是全国最繁荣的城市之一，韩信就成长在这里。《史记·淮阴侯列传》记载，那时的淮阴城，商贾云集，手工业和商业都比较发达。韩信因“不能治生商贾”而穷困潦倒，被街上的小混混们瞧不起。后来参加起义军，成为王侯，才得到了家乡人的崇敬。东汉末年到魏晋南北朝，城头变幻大王旗，淮阴是各方势力争夺的重点，辖地和名字屡遭变换。隋统一南北后，这里的建制开始稳定下来。大抵淮北属泗州（治所在今盱眙县城北），淮南属楚州（治所在今淮安区）。为了加强中央集权，隋炀帝开凿了通济渠沟通洛阳与扬州，楚州、泗州得漕运之便，人烟稠密起来。

唐代时，淮盐成为重要的民生物资，这里成为漕运、盐运双枢纽，

> 俯瞰淮安　张言华 / 摄

又是往来长安与江南的必经通道。唐代大诗人白居易在写给他的朋友楚州刺史郭使君的诗中写道：

淮水东南第一州，山围雉堞月当楼。

黄金印绶悬腰底，白雪歌诗落笔头。

可见，楚州、泗州已经成为全国性的名城。作为水乡泽国，这里鱼肥虾跳，水草丰茂，名声在外。北宋文豪苏轼一到洪泽湖边就急忙打听："明日淮阴市，白鱼能许肥？（《发洪泽中途遇大风复还》）"

南宋时期，宋和金以淮河为界，淮安成为两国对峙的前沿阵地，民生逐渐凋敝。直到元代统治者开挖京杭大运河，淮安地区再度兴盛。

## 2. 灯影半临水，筝声多在船

明清时期，置淮安府，辖 9 县 2 州，范围包括今苏北 5 市绝大部分地域。还在淮安设立了漕运总督、南河总督衙门，让淮安一跃成为苏北政治和经济中心。清末一度设立江淮行省，淮安是省会所在地。中华人民共和国成立以来，经过一系列调整，淮安市下辖清江浦区、淮阴区、淮安区、洪泽区、涟水县、金湖县、盱眙县 4 区 3 县。

淮安素有"入京孔道"之称，自古名人辈出，有汉朝大军事家韩信，汉赋名家枚乘和枚皋，建安七子之一陈琳，《西游记》作者吴承恩，近代农学家、教育家、考古学家罗振玉，民族英雄关天培，民国四

> 历史与现代结合下的淮安

大银行之一的大陆银行创始人谈荔孙，中华人民共和国开国总理周恩来等，都是淮安的骄傲。

位于淮安老城西北的文化名镇河下，历史上文风鼎盛，闻名遐迩。由于过去盐商聚集，子弟有条件接受良好的教育，仅明清两朝，就出过 55 名进士，包括状元、榜眼、探花，更有 10 多人见载于《明史》《清史稿》，人才数量连一些江南名镇都望尘莫及 。

淮安还是全国四大传统菜系之一——淮扬菜的发源地。早在唐代，诗仙李白经过淮安，途中饥饿，叩开一户农家的柴门，淳朴的老妈妈捉了一只大黄鸡，以家酿米酒作调料，做成焖鸡款待客人。李白被美味和乡情感动，念念不忘，在《淮阴书怀寄王宗成》里记述:

> 淮安市盱眙县奥体中心城市风光　张玉球 / 摄

暝投淮阴宿，欣得漂母迎。

斗酒烹黄鸡，一餐感素诚。

过去漕船行到淮安过闸，由于数量庞大，往往要等待十数天甚至月余，于是往来商旅常常在淮安城内盘桓游乐，酒楼歌馆通宵达旦，加上常驻官员们食不厌精，脍不厌细，淮扬菜越做越精。淮扬菜美名渐渐流传开来，就连京城王公也得知了淮扬菜大名，据传慈禧太后就要了一批淮扬菜厨师进入御膳房。1949 年开国大典，为了兼顾各地人士口味，国宴选的就是清鲜、醇和的淮扬菜，淮扬菜代表作“软

> 淮安日落　张言华 / 摄

兜长鱼”受到与会代表赞许。

淮安人文景观众多，有各级文物保护单位 100 多处，旅游景区景点 50 多处，其中 AAAA 以上景区达 10 多处。里运河文化长廊、文通塔、镇淮楼、韩信故里、水下泗州城、明祖陵、吴承恩故居、梁红玉祠、关天培祠、周恩来故里、古淮河生态文化园等大批名胜古迹吸引了一批批游人，真是“酒酣夜别淮阴市，月照高楼一曲歌”。

# 第六章 漕起漕落两千年

## ——淮安河城共生

京杭大运河沿线有四大都，杭州为“茶都”，苏州为“丝都”，扬州为“盐都”，淮安为“漕都”。如果把京杭大运河比作一条龙，龙头在北京，龙尾在杭州，那么心脏就在淮安——这里是漕运总督公署所在地，全国漕运指挥中枢。作为大运河申遗的重要节点，淮安被列入遗产名录的有遗产区 2 处、河道 1 段、遗产点 5 处，

> 一缕缕金色的阳光透过云层的间隙，照射在大运河畔，形成美丽的自然景观　杨默 / 摄

在京杭大运河沿线城市中数一数二。淮安地处淮河、古黄河、京杭大运河交汇处，独特的地理位置让它的命运与运河紧密相连。曾因运河之利而兴，成为堪比苏杭的大都市。

## 1. 隋唐以来就是“一线城市”

流经淮安的人工运河，最早的是2500年前的古邗沟。它南起扬州，北接淮安的入淮口——末口，即如今淮安境内的河下古镇。公元前484年，吴王夫差率兵沿邗沟越淮河北上，在山东莱芜大败齐军，这便是历史上有名的“艾陵之战”。邗沟，就是京杭大运河的雏形，淮安的城市历史由此开始。东汉末年，邗沟沿线成为群雄逐鹿的主战场，淮安凭借交通优势，号称“南必得而后进取有资，北必得而后饷运无阻”，成为冒险家的乐园。硝烟散尽，已是数百年后的隋朝一统。

隋文帝杨坚在此地设城，称“楚州”，此后隋炀帝下令把古邗沟重新疏浚，加上其他河道缀连成沟通中原、江南和华北三地的南北大运河。

盛唐时期，万国来朝。日本圆仁和尚在《入唐求法巡礼行记》中记载，日本遣唐使大多从楚州港出海归国。来往客商中，还有卷发碧眼的胡人，西域宝石、香料、象牙、犀角等新奇玩意儿在这里大受欢迎。文人雅士也纷纷慕名而来——李白、白居易、刘禹锡……一时间大运河上文星闪耀。

北宋年间，政府管理宽松，鼓励民间贸易。运河两岸，酒肆勾栏鳞次栉比，一片歌舞升平。据《太平广记》载：“楚州龙兴寺前素为郡之戏场，每日中，聚观之徒通计不下三万。”成为与杭州、汴京齐名的“一线城市”。当地甚至出现了从事国际贸易的大贾，

> 航拍建设中的淮安南路运河桥　吴扬 / 摄

洪迈《夷坚志》就曾记载山阳巨商王某航海贸易的故事，还被改编成《镜花缘》等小说。

元朝定都大都（北京）。忽必烈将大运河“裁弯取直”，基本上成为今天我们看到的模样。此后，淮安一直是国家大动脉的主要节点。

## 2. 登船下马漕运先行

明朝著名学者，《永乐大典》编纂官姚广孝经过淮安时，对眼前的景色大为感叹，写下一首怀古诗：

襟吴带楚客多游，壮丽东南第一州。

> 淮安京杭大运河港口正在吊运货物的船只　周长国 / 摄

> 淮安南运河　吴扬 / 摄

屏列江山随地转，练铺淮水际天浮。

城头鼓动惊乌鹊，坝口帆开起白鸥。

胯下英雄今不见，淡烟斜日使人愁。

描绘了淮安作为漕运中枢，白日“坝口帆开”，夜晚“城头鼓动”的繁华景象。明朝还在淮安创办了全国最大的内河漕船厂——清江督造船厂，有 82 个分厂沿清江浦河南岸排开，连绵 20 多里。6000 多名工匠成年累月劳作，一年能造出近 700 艘漕船。永乐年间还兴建了著名的清江大闸，历代不断增修。闸口的岸壁被完整地保留下来，据说岸壁的长方条石的黏合剂是用糯米浆拌石灰做成。

明中叶以后，由于黄河夺淮，黄河水内侵清江浦河道，船只通过清江闸异常凶险，常有船毁人亡的事情发生。到清朝时，为了减少危险，规定让漕船优先通过清江闸。南来的客运船到达清江浦后，旅客必须舍舟登陆，渡黄河至王家营后乘车马北上；反之，由陆路南下的旅客，则在清江浦石码头坐船南下。

码头附近立有一块大石碑，上写“南船北马舍舟登陆”，是对淮安枢纽地位的生动诠释。据记载，清中期码头上为旅客跑腿的脚夫就达 1 万多人。

清江闸周边人流聚集，仓储和商铺林立，渐渐形成集镇。数百年来，运河上漂泊的船夫远远看到这里的地标建筑后，便会松一口气：淮安到了，要过船闸，可以休整几天了。鼎盛时期的清江浦有人口 50 多万，规模超过当时的汉口、南京府。清康熙年间，河道总督府也迁入淮安，负责黄河、淮河、京杭大运河的治理，于是有了“天下九督，淮居其二”的说法。

今天人们在镇淮楼旁还能看到漕运总督公署遗址，这是一处约 3 万平方米的宏伟建筑群。最高长官漕运总督为从一品大员或正二品大员，掌管 1 万多只漕船和 11 万漕军，这里发出的道道命令直接关系京师的繁荣稳定。位于城北板闸的淮安钞关是中央直属税务机构，中国“八大钞关”之一，管辖范畴达 4 万平方千米。清代漕运鼎盛时期，这里的税收居运河四大关（临清、淮安、扬州、苏州浒墅关）之首。

淮安还是漕粮储备中心。明永乐年间即在清江浦设立大型漕粮转运仓——常盈仓，清同治七年（1868 年）建丰济仓，年储粮达 100 万石，因而清江浦有“天下粮仓”之称，是全国最大的储粮库。

> 傍晚晚霞中的里运河景色迷人　贺敬华 / 摄

### 3. 擦亮运河之都

经济的繁荣刺激了文化的发展。《西游记》作者吴承恩就出生在淮安，并在此度过了人生中的大部分时光。小说中“大闹天宫”等瑰丽的想象，都是作者在运河边吃着淮扬菜喝着小酒构思完成的。

《水浒传》作者施耐庵也曾生活在淮安，并在此去世。小说中虚构的潘金莲与西门庆生活的阳谷县交通发达、市井繁荣，这种市镇可能是参照了明代淮安的清江浦。因为潘金莲住的那种二层阁楼，在清江浦运河旁的花街、石码头街（均为明清时的商业街）随处可见。

> 里运河风光带夜景，灯火璀璨，光影迷离　吴扬 / 摄

> 繁忙的京杭大运河　赵启瑞 / 摄

可惜，成也运河，败也运河。在漕运退出历史舞台后，清末民初军阀混战，黄河决口，运河的水运优势渐渐被更方便快捷的铁路和海运取代。淮安失去了水陆码头的优势，降为苏北腹地一个普通城市。

中华人民共和国成立后，为了疏浚、整治古运河，在淮安市外围新挖了一条河道，它绕开古城，将流经淮安的京杭大运河重新连接起来，当地人称“外运河”。原先古城内的运河改称“里运河”，成为观光游览之河，给市民们创造了良好的亲水环境。江苏省把“高起点规划建设江淮生态大走廊”列入主要环境治理任务，淮安处于淮河、大运河交汇位置，更是重点支持对象。近些年来，全力实施了洪泽湖湿地生态保护工程、白马湖湿地生态修复工程等多项工程，营造了更多集风光、生态和经济于一体的景区，构筑起了生机勃勃的绿色口岸。

今天的淮安城外，大运河更加忙碌。在满负荷运行上千年后，又迎来了更有希望的下一个千年。

# 第七章 林梢一抹青如画 应是淮流转处山

## ——淮安大运河道

### 1. 清口枢纽：淮楚巨防，江海通津

唐宋以来，楚州和泗州就是漕运中心，集河、漕、盐、船、仓于一地。清口枢纽是这里最壮观的水利工程，见证了古人与黄河400多年的抗争。没人能在地面上看到完整的清口枢纽，因为它占地50平方千米，几百年来不断演变，留下了惠济祠、天妃坝、顺黄坝、码头三闸、高家堰等50多项工程遗存。清口枢纽见证了古人驾驭黄河的艰辛、智慧和努力。

#### （1）纸糊的黄河，铁打的淮安

古清口是古淮水和古泗水交汇的地方，因古泗水又名清河，故入淮口就称清口。在漫长的岁月里，大运河与淮河曾相安无事。南宋绍熙五年（1194年）黄河决口，打破了安宁状态，也改变了淮安历史。决口的黄河裹挟泥沙奔腾而下，夺泗水水道入清口，从淮河水道东流到海，史称“黄河夺淮”。黄淮合流后，黄河泥沙不仅抬高了淮河河床，也倒灌入洪泽湖和运河口，形成淤塞，危及漕运安全。

治理清口的关键是去除黄河泥沙。明以前，这一带已有一些水利工程，但没有形成体系。奠定清口水利枢纽基本格局的是明代著名治水专家潘季驯。明万历六年（1578 年），潘季驯第三次总理河道。他的总体治河思路是将黄、淮、运作为整体对待，主要手段是“束水攻沙”和“蓄清刷黄”。通俗来说，就是在洪泽湖东岸筑高堤坝，以抬升洪泽湖水位，形成湍急水流冲刷清口泥沙，使运河畅通。清口枢纽就是围绕这个目标而建。

为了蓄水，他设计了一套由遥堤、缕堤、月堤和格堤组成的复杂堤防体系，并在遥堤上筑起减水坝，将黄河河道固定在徐州至淮安一线。在清口一带，他加高加固高家堰，堵住淮河向东出路，并筑堤切断淮水北泄的通路，自此淮水专出清口，“冲刷”黄河泥沙。通过种种措施，运河从淮安向北基本通畅，恢复了漕运。

**（2）皇上的“一把手”工程**

黄河就像一匹野马，水利工程不得不随黄河水动向废旧立新。明末清初，连年战乱，国力虚弱，黄河淤积，漕运经常面临断航危险。康熙十六年（1677 年），“淮溃于东，黄决于北，运涸于中”，清口水患十分严重，治河名臣靳辅接任河道总督。他承袭潘季驯治河战略，筑坝、加堰、开河、建闸，经过十余年努力，不计代价，终于使漕运畅通。靳辅工作勤勉，身先士卒，颇有主见，有时甚至吃住都在工地。对于治河人员奖惩、施工验收等也多有创新。值得一提的是，康熙、乾隆二帝每次南巡都驻跸淮安，甚至亲临现场，调查指挥，这是此前历代帝王不曾做到的。清康熙二十三年（1684 年），31 岁的康熙皇帝南巡，感受到治河的辛苦和形势复杂，特写《阅河

> 里运河文化长廊的古牌楼　杨默 / 摄

堤诗》一首赠给靳辅，勉励靳辅再接再厉，早日把黄河问题解决好，让老百姓安居乐业。

防河纡旰食，六御出深宫。

缓辔求民隐，临流叹俗穷。

何年乐稼穑？此日是疏通。

已著勤劳意，安澜早奏功。

康乾以来，虽然朝中人事更迭，治河方法屡遭争议，但对于清口枢纽的调整扩充从未松懈。朝廷一只手从漕运中纳入大量税收，另一只手又把漕运收入的一部分返回到治河工程上。乾隆皇帝晚年

> 里运河畔的雄狮与古城　周长国 / 摄

回顾自己的一生时说："予临御五十年，凡举二大事：一曰西师，一曰南巡。"其中，"南巡之事，莫大于河工"。

大运河申遗时，评估专家认为，由闸坝、堤防、疏浚、维护、水文观测等项目组成的清口枢纽工程代表了农业时代东方水利工程的最高水平。如今大运河淮安段两岸草木葱茏，河道开阔，淮阴船闸前方水道上船队川流不息，一派忙碌。距船闸约3千米的古运河边，一块镌刻着"清口枢纽遗址"字样的石碑静静矗立，它就像一本厚书，记载着几百年的漕运风云。

## 2. 清江大闸口：五教汇聚 南北襟喉

2009 年，中国邮政发行了一套《京杭大运河》特种邮票 6 枚，当中第四枚是淮安的清江大闸，风景秀丽，古意盎然。它是大运河上保存最完整且还在发挥作用的明代水闸，位于淮安市区里运河航道，始建于明永乐十三年（1415 年），距今已有 600 多年历史。

**（1）岸束穿流怒，鼓急万夫争**

大闸由正闸、越闸两闸组成。正闸建于明初“平江伯”陈瑄开辟清江浦运河之际。明永乐十三年（1415 年）春，时任漕运总督陈瑄疏浚沙河故道，由城西管家湖导水，至鸭陈口入淮，并更名为“清江浦”。还整修加设闸门，分别为移风、清江、福兴、新庄。坝体

> 里运河畔的戏曲馆　周长国 / 摄

> 暮色时分的里运河畔　周长国 / 摄

用长条形黑麻石和糯米浆拌石灰做黏合剂砌成，桥面是可启闭的木桥。工程竣工后，河运大为好转。可惜四闸门其中三闸已毁，只有清江闸保存至今。

明万历七年（1579 年），右都御史潘季驯再整河道，于清江闸旁开月河（又名越河），以减缓闸前的急流，方便船行。万历十七年（1589 年），在越河上加建越闸，中间有中洲岛，初步形成后世清江闸的格局。越闸桥面是固定式木桥，相比正闸，闸身较矮，闸门略窄。自此，清江浦与古邗沟相通，漕船既能免去登岸陆运绕行过坝之苦，又减少了淮水激流盘旋之险。

正闸和越闸都是双闸门，至今双闸槽还完整地保留在闸墙上。这样设计的好处是修闸时能在两门之间塞上装泥的草包，可防止河水渗漏。每当运粮季节，帆樯衔尾，绵亘数里，蔚为壮观，有“南北襟喉”之称。正闸前后均有闸塘，迎水的上水闸塘小，出水的下水闸塘大。由于塘水深广，河流湍急，过闸如闯关。清初诗人吴梅村经过淮安时，看到船工衙吏们忙碌紧张的样子，作有《清江闸》一首：

岸束穿流怒，帆迟几日程。
石高三板浸，鼓急万夫争。
善事监河吏，愁逢横海兵。
我非名利客，岁晚肃宵征。

**（2）水满清江花满山**

一直到清末民初，这里依然繁忙。淮阴籍著名作家陈白尘生动地描述道："大闸原来半里宽的河面，除了越闸分去不足三分之一的河水，其余的都奔向这狭窄的闸门而来……当这些怒流在约莫五丈长的狭窄的闸堂中被两岸巨石束缚得互相撞击、左右翻腾之后，终于挤出大闸的后门……在几十丈宽广的闸塘中回旋之后，它才以一泻千里之势直奔长江而去。"

岁月沧桑，黑麻石砌成的闸墙上，留下了一道道多年来被"绞关"的钢丝缆和"掂船"的缆绳捋出来的深深凹痕。几百年的漕运盛世，造就了一块以清江大闸为中心，方圆约 1 平方千米的人文胜地，分布有清江浦楼、陈潘二公祠、吴公祠等 30 多处古迹和御码头街、花街、轮埠路等多条老街，形成极具特色的大闸口历史文化风情区。尤具特色的是，这一带还是儒家、佛教、道教、伊斯兰教、基督教"五教汇聚"之地。大闸东南是儒家的清江文庙，南面是佛教慈云禅寺，再往南有道教宫观都天庙，御码头街上有伊斯兰教古清真寺，附近还有基督教福音堂，宗教文化丰富多样，俨然有沿海开放城市的气象。

可惜的是，抗日战争时期，清江闸大部分被毁，后经苏皖边区政府修复。中华人民共和国成立后，闸口上的桥被改为钢筋混凝土板梁桥。2006 年，清江闸列入全国重点文物保护单位。由于在淮安市区以南重新开掘了大运河新河道，运河淮安段故道（即里运河）如今已风平浪静，成为供市民休闲游览的景观河。清江闸现为国家 AAAA 级景区——里运河文化长廊的入口区域。虽然此时的清江闸不复往日盛景，但其历史文化价值正大放光彩。

> 里运河畔的清江浦，在晚霞和夜色映衬下格外美丽　贺敬华 / 摄

# 第八章 两淮盐课 居天下之半

## ——淮安运河人文遗产

### 1. 总督漕运公署遗址：237 位总督在此办公

明清两朝，淮安作为中央政府的河道治理中心、漕运指挥中心、漕粮转输中心和税收中心，漕运总督和河道总督同时在此驻节，“天下九督，淮居其二”。

总督漕运公署是明清时期全国漕运最高管理机构所在地，自明中叶至清末共有 237 位漕运总督在这里办公，主导中国南北经济联动 325 年，其功至伟。遗址建筑群位于淮安老城区镇淮东路，占地约 30 平方千米，与南面的镇淮楼、迎薰门及北面的淮安府署处在同一中轴线。

宽阔的广场北侧就是复建的大门，为一字排开的 3 组歇山式建筑，中间略高，青砖黛瓦，庄严肃穆。门上悬有横匾，上书“总督漕运部院”，廊柱上挂有楹联：“地居黄运中水，欲治漕，欲通千里，河流涓滴皆从心上过；官做群民主宽，以恩严，以法一方，士庶笑啼都到眼前来。”警告官员们须将大小事情都放心上，

> 总督漕运公署遗址门前，两个顽皮女孩在门前大石狮腹下狭小的空间里有说有笑地爬上爬下、钻来钻去　赵仁宝 / 摄

恩严相济，依法办事。广场两侧各建有一座方亭，亭内立有石碑，碑上分别刻着“旌善”和“申明”，落款“皇明洪武叁年”。据史料介绍，朱元璋登基后，下令在全国城乡设置“申明亭”，定期张贴朝廷文告，公布本地罪犯以示警醒，还推举德高望重的老人在亭前调解民间纠纷。“旌善亭”是用来公布本地仁举善行和孝子贤孙事迹的，从而达到教化乡民的目的。

大门照壁上镶着几块石碑，其中一块刻着《漕运总督署图》，展现了未遭毁坏前的衙署全景，蔚为壮观：共有房 213 间，牌坊 3 座，依中轴线设大门、二门、大堂、二堂、大观楼（又匾淮海节楼）、

> 航拍总督漕运公署遗址

后院等；东路有官厅、书吏办公处、东林书屋、正值堂、水土祠、一览亭；西路有官厅、百录堂、师竹斋、来鹤轩等。还有一块石碑上刻着“漕运总督官府机构及职责”示意图，标明漕运总督具有两大职责：一是督察漕运及江北军务；二是巡抚江北四府三州，配备守城营和左、中、右三营兵力。下辖官兵约22000多人，职能涵盖管理、税收、军事、治河、造船等多项关系国计民生的要务。

署衙大门后是个青砖地坪大院，铁栅围起来的空地上整齐排列着数十个柱础和石残件，这就是公署大殿的残迹，一层层向后延伸，尽头是中国漕运博物馆。

追溯历史，这一建筑群始建于宋，元代为淮安路总管府，明洪武年间先后为淮安府署、淮安卫指挥使司。明万历七年（1579年）移漕运总督府于此，经过不断扩展形成后来的规模。

## 2. 中国漕运博物馆：千年漕运立体图

淮安总督漕运公署遗址是2002年中国重大考古发现之一，中

> 中国漕运博物馆外景　周长国 / 摄

国漕运博物馆与公署遗址相整合，完整地展现了中国漕运的灿烂文化。

博物馆建筑采用明清时期江淮主流建筑风格，总建筑面积 6300 平方米。地上为门厅及游客中心；地下一层分为不同的主题展厅，陈列着古代水上运输器具，总督府日常用品，漕运官员（如唐代副

> 中国漕运博物馆内景一角　周长国 / 摄

宰相刘宴，宋代范仲淹，明代的李三才、史可法，清代的施世伦、琦善，近代的段祺瑞等）遗留的信函、书札、用具，历代漕粮流通文件等。

博物馆综合运用了声、光、电等科技手段，仿佛一幅立体的漕运长卷。走进淮安厅，只见进门的画面上，一名身着古代服装的信使背着行囊，骑着快马飞奔而来。随着一声画外音“圣旨到，速开城门”，观众就可以随着画面的变幻，仿佛进城一样，一步步走进历史深处。

厅内的河下古街，以雕塑和绘画复原了古镇的街景和各式店铺。有炉火熊熊的铜匠铺，五谷飘香的米行，还有觥筹交错的酒楼，士人商贾一边品尝水乡名吃，一边谈笑风生……

淮安曾经是有名的造船基地，尤其在明朝，清江造船厂规模宏大，工艺精良，制造的漕船很受欢迎。历史厅就有一座彩绘雕塑，反映了当时的盛况。只见工人们井然有序，拼接、捻缝、刷漆等流程一丝不苟，就像一部生动的舞台剧。文化厅还有一艘按实际尺寸等比例缩小的漕舫，船头是一只威风凛凛的狮头，原来，这是官府督运漕粮的官船，名叫“太平舟”，船尾的图腾也是寓意平安。

漕运遗韵展区以展示楚州（今淮安区）出土的精品文物为主，包括书画、陶瓷、金银玉石等，其中有数十件国家一级文物。如元青花缠枝牡丹纹盖罐，是青花瓷中不可多得的珍品，具有极高的文物和艺术价值。

纵览全馆，现代化的高科技演示与文物史料巧妙结合，呈现出多感官的视觉盛宴。半天走下来，先民们治水的艰辛历程和千年漕运的恢宏历史尽在眼前。

> 扬州东关街景

# 扬州

# 第九章 腰缠十万贯 骑鹤下扬州

## ——扬州城市概述

扬州地处江苏省中南部，长江下游北岸，江淮平原南端，长江和京杭大运河的交汇处，是中国著名古城。汉唐以来，扬州都是文人墨客心目中独一无二瑰丽的都会，笼罩着一层又一层浪漫的想象。

### 1. 长江之城，运河之城，诗歌之城

唐玄宗开元十八年（730 年）三月，大诗人孟浩然从湖北到扬州游历，李白亲自送到江边，临行写下这首千古名诗《黄鹤楼送孟浩然之广陵》：

故人西辞黄鹤楼，烟花三月下扬州。

孤帆远影碧空尽，唯见长江天际流。

李白的另一位朋友，诗人刘长卿，送别女婿前往扬州时，也写下一首《送子婿崔真甫、李穆往扬州四首》（节选）：

> 烟花三月下扬州——瘦西湖　冯迎春 / 摄

> 俯瞰扬州　余思皓 / 摄

渡口发梅花，山中动泉脉。
芜城春草生，君作扬州客。
半逻莺满树，新年人独远。
落花逐流水，共到茱萸湾。

诗中“茱萸湾”是扬州东边的著名运河码头。两首诗的主人公，一位顺长江东去，两位沿运河南上，目的地都是扬州，可见这是一座长江之城、运河之城，还是一座诗歌之城。晚唐时期，大诗人杜牧在淮南节度使府中做幕僚。他吟风弄月，流连烟雨，如鱼得水。一直到离开扬州很久后，还给扬州的昔日同僚写诗怀念：

青山隐隐水迢迢，秋尽江南草未凋。

二十四桥明月夜，玉人何处教吹箫。

这幅绝美的画面成为诗人生命中永恒的记忆，再也无法抹去。

## 2. 淮左名都，竹西佳处

扬州有2500多年建城史，春秋时称邗，后又名江都、广陵、吴州。直到隋文帝时，这里被改为扬州，杨广（即隋炀帝）出任扬州总管，从此定下这个名字。

万里长城的第一块砖何时何地垒起，我们已经无法考证，但是将近1800千米长的京杭大运河第一锹，却是在扬州开挖的。

春秋时期，吴王夫差为争霸中原，吞并了邗国，并开挖邗沟连通长江和淮河。夫差还在扬州城边一块叫“蜀冈”的高地上筑起城池，名为邗城，作为“前敌指挥部”。邗沟绕城而过，扬州的命运从此

> 20 世纪行驶在扬州古运河上的船只

> 扬州夜景　刘金 / 摄

东南坊
i caffè
卡洛
摄影

跟运河维系在一起。西汉时，刘邦的侄子刘濞被封为吴王，辖五郡五十三城，以广陵为治所。刘濞“采铜铸钱”“煮海为盐”，迅速扩大实力，奠定了扬州民生经济的基础。

隋唐时期，由于南北大运河开通，加上盛产盐、茶、丝等，扬州迎来了前所未有的鼎盛时期。唐初在扬州设立大都督府，后来又把淮南节度使、盐铁转运使驻节在此，相当于掌管着东南诸州的财富。唐朝外交频繁，扬州是对外交通的重要港口，专设司舶使经管对外贸易和友好往来。当时，侨居扬州的大食人数以千计，还有波斯人、新罗人、日本人等在此侨居，一派国际大都市气象。城中最有名的景区是竹西路周围，此处有一竹西寺，又名禅

> 扬州运河古寺　周帅 / 摄

智寺，本为隋炀帝行宫，后舍宫为寺，闻名天下，扬州的名胜古迹大都集中于此。

中唐时期，诗人徐凝思念扬州的佳人，写有《忆扬州》：

萧娘脸薄难胜泪，桃叶眉尖易觉愁。天下三分明月夜，二分无赖是扬州。

天下明月的光华有三分，“无赖”的扬州竟然能占两分。扬州景美、人美、衣食住行都引领大唐风尚，堪比今天的巴黎、米兰。

两宋时期，扬州风采依旧。欧阳修、苏轼等曾在扬州为官，晏殊、辛弃疾、文天祥等大诗人都在扬州留下过不朽诗篇。元朝将京杭大运河修直后，来往客商总要在扬州盘桓数日，享受一番灯红酒绿。不过，正是由于交通便利，物产丰富，扬州为兵家必争之地。清军

> 扬州雕版印刷木刻

入关后，南明兵部尚书史可法率领官兵在扬州抗击清军，弹尽粮绝，城破就义，被人传颂。

### 3. 金山银山不如盐山

在古代，盐是国家的重要战略物资，相当于今天的石油，成本极低，利润极高。白居易有一首《盐商妇》（节选）长诗，描写了一位普通女子嫁给盐商后生活的巨变：

> 日落瘦西湖　刘乙 / 摄

> 俯瞰扬州老城

本是扬州小家女，嫁得西江大商客。

绿鬟富去金钗多，皓腕肥来银钏窄。

清朝中前期，扬州基于水陆枢纽的优势，成为全国最大的食盐集散地。史料记载，清乾隆三十七年（1772 年），户部库存银为 7800 多万两，而扬州的盐商资本也达七八千万两，堪称“富可敌国”。康熙、乾隆皇帝多次南巡，都会在扬州逗留，视察两淮盐务是重要目的。两淮巡盐御史位高权重，是个肥差，一般由皇帝心腹担任。《红楼梦》作者曹雪芹的祖父曹寅，在清康熙年间就曾任此职务。他在位时连续 4 次承办康熙皇帝南巡接驾大典，实力可见一斑。正是在这样的环境中成长，曹雪芹才能把豪门贵胄的奢华生活描绘得那样细致入微。盐商们暴富后，纷纷买地置宅，建造得富丽堂皇。至今运河边还保留着数十处盐商宅第，每处细节都讲究到极致。比如窗户上的彩色印花玻璃，专门从海外进口，当时的价格超过白玉……

漕运和盐业对扬州各行各业都起到了促进作用。清代《扬州画舫录》里，对扬州的文工百戏、园林名胜、风土人情、饮食消费等都做了详细记载，其盛景比北宋时期的汴梁有过之而无不及。

### 4. 人文荟萃，宜居“慢”城

商业的发达促进了文化的繁荣。《桃花扇》作者孔尚任曾说：“广陵为天下文士之大逆旅”。乾隆皇帝主持修《四库全书》时，扬州

> 个园一景

盐商进贡了大批藏书。富商们还兴建书院，培养出众多声誉卓著的学者、书画家，比如以“扬州八怪”为代表的扬州画派；以阮元、汪中、任大椿及王念孙、王引之父子等为代表的“扬州学派”等。名士雅集，笔会沙龙长年不歇，往来唱酬盛于江南。

清代扬州的曲艺也极其发达，评话、弹词、清曲等百花齐放。有的盐商还蓄养戏班，倾力调教，或者遍请名角，交流切磋，使扬州成了全国戏曲中心之一。

不过，扬州的盐业经济，本质上是官商经济。清道光年间改革盐业专卖制度后，扬州盐商失去垄断地位，从此扬州盐业经济开始没落，一蹶不振。加上清末以来，中国的经济带转向沿海，水运被铁路取代，扬州失去竞争优势，在跟沿海开放城市的较量中渐渐败下阵来。

今天的扬州，是全国少有的维持古都风貌的旅游名城，政府把保护历史文脉、培育绿色经济作为主要发展思路，有国家 AAAAA 级景区 1 家，AAAA 级景区 10 家，是长江经济带、南京都市圈和长三角城市群的重要组成部分。2006 年，扬州因在古城保护和人居环境改善方面的突出成就，成为“联合国人居奖”获奖城市。如今的扬州拥有世界文化遗产 1 处、全国重点文物保护单位 20 多处，还有扬剧、评话、清曲、漆器髹饰技艺、雕版印刷技艺等 10 多项国家级非物质文化遗产。扬州这座大运河畔的历史名城值得我们慢慢品味。

# 第十章 大运河之子

## ——扬州河城共生

从隋炀帝开挖南北大运河到清末漕运结束，运河上舟楫往来，帆樯林立，滋养了数代王朝。不过，这番功业还得从2500年前那条不算宽阔的古邗沟说起。它是中国历史上第一条能查证到开工时期的运河，就像一粒种子，在此后的漫长岁月里长成枝繁叶茂的大树——连通四面八方的运河体系。扬州城，就在邗沟畔发展为千古名城，曾经的江左第一都会。

### 1. 春风荡城郭，满耳是笙歌

隋统一中国后，为了加强洛阳与南方经济发达地区的联系，保证税赋和物资输送，隋炀帝下令开凿通济渠、永济渠，疏浚邗沟和江南河道，并将各地运河串联起来，构成以洛阳为中心，东北抵涿郡、东南至江南的“Y”字形南北大运河体系。扬州，正是这一庞大水系的重要枢纽。曾任扬州总管的隋炀帝杨广，当上皇帝后依然对扬州情有独钟。每次来此驻跸，龙舟浩浩荡荡，满河堆金砌玉，万民沿

> 扬州钓鱼台　吴宏君 / 摄

> 晨光下的扬州美景　吴宏君 / 摄

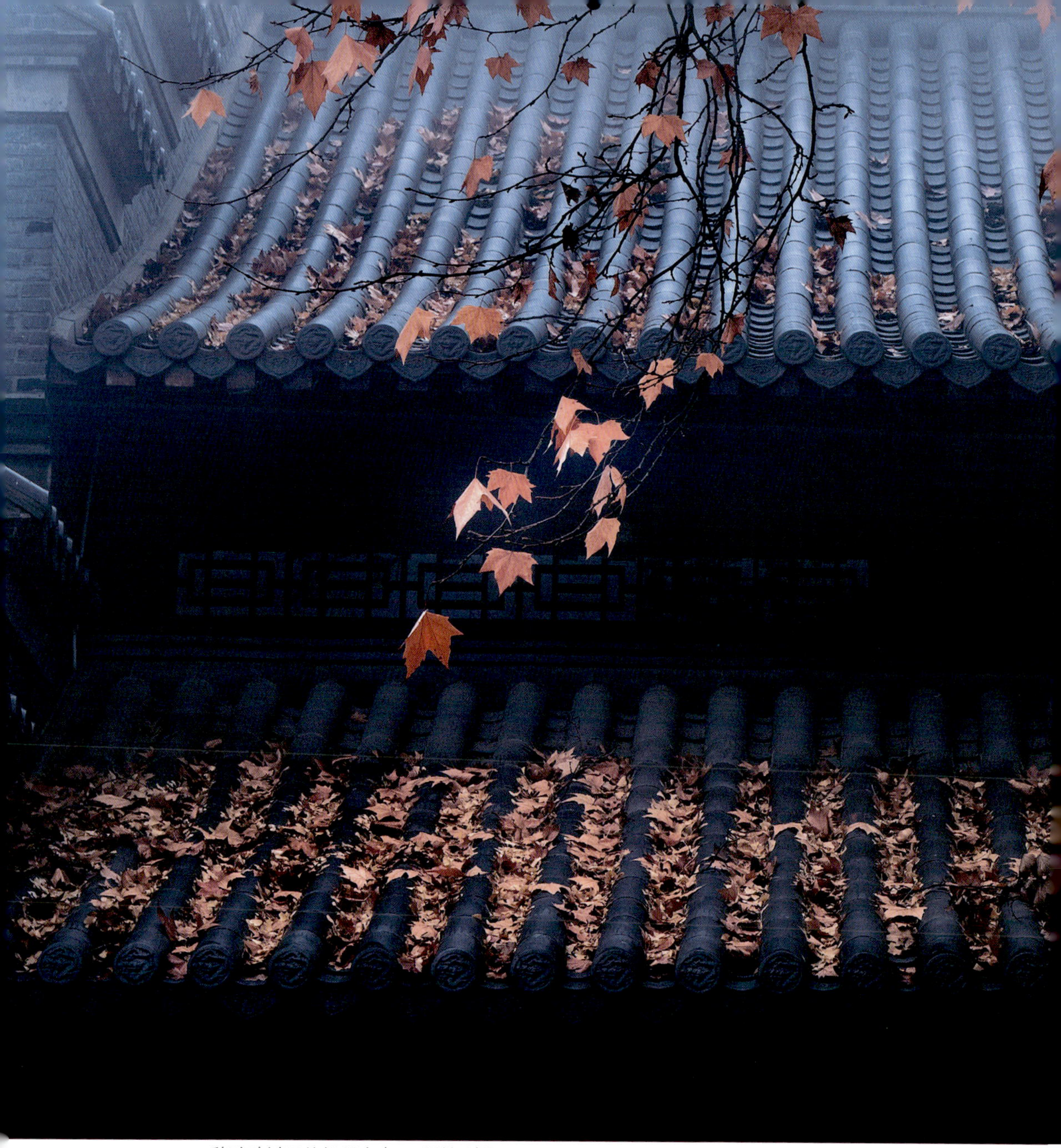

> 秋叶映衬下的扬州古寺　顾敏 / 摄

河围观。

元世祖忽必烈利用隋运河故道，加上新凿的会通河、通惠河等

河道，开通了自杭州直达京师的京杭大运河。沿线城市在运河水的浇灌下，枝繁叶茂起来。在马可·波罗的游记中，我们仍可感受到当时扬州的辉煌。史载他曾在扬州为官3年，遍游周边城镇。至今东关古渡附近还建有马可·波罗纪念馆，门前的马可·波罗铜像身着元代官服，左手勒马，右持书卷，神采奕奕。游记里说，扬州人“以商业和手工业维持生活”。同时，“他们制造武器和其他军用品，因此有许多军队驻扎在这里”。扬州旁边的泰州“贸易繁盛，来自上述大河之船舶甚众，皆辐辏于此。应知其地左延向东方日出处，距海洋有三日程。自海至于此城，制盐甚多，盖其地有最良之盐池也”。元代延祐年间，意大利传教士

> 繁忙的京杭大运河扬州段 1　孟德龙 / 摄

鄂多立克也到中国旅行，扬州人的热情给他留下很深印象：当地人请客一定要在专设的酒店预订丰盛的筵席，而且酒店服务周到体贴。从这些人的游记中可以看出，当时的扬州对外交流频繁，人口庞杂，城市商业已经发展到较高水平。

明清两代，大运河进行了多次大规模维修疏浚，一直发挥着国家动脉的战略作用。作为大运河的重要枢纽，扬州依托四通八达的码头，盐业得到极大发展，城市的繁盛在清朝中期达到顶峰，有“两淮盐，天下咸”之称，富甲江淮。

从隋朝到清末，扬州一直是国人向往的美丽、诗意和浪漫的名城，就如盛唐诗人张祜赞颂的“人生只合扬州死，禅智山光好墓田。”

## 2. 水中高铁再续繁华

如今虽然漕运早已停止，但站在扬州的运河岸边，可以看到这条水路依然繁忙，一艘艘满载沙石、煤炭、钢材等货物的轮船首尾相接，绵延数十里，十分壮观。据管理部门介绍，每天通行的船只有四五百艘，年货运量达 3 亿吨左右，相当于 6 条京沪高速扬州段的运量，在运河沿线城市中位居前列。统计显示，邵伯船闸的通过量是葛洲坝的 3 倍。原来，大运河并没有“退休”，而是继续承担着交通干线的使命。

为了提高效率，政府对各船闸进行了扩容改造，实行智能化管理，不断提升通航能力。为了实现可持续发展，大运河沿线打造了湾头、邵伯、大桥等一批特色小镇，大力发展旅游观光产业，让运

> 繁忙的京杭大运河扬州段 2　孟德龙 / 摄

> 大运河扬州段纯净美如画　孟德龙 / 摄

河文化在第三产业中继续传承下去。如今大运河沿岸被列入世界遗产的共有 7 个遗产区、28 个遗产点段，其中 15 个点段分布在扬州境内，包括淮扬运河扬州段、刘堡减水闸、盂城驿、邵伯古堤、邵伯码头、瘦西湖、天宁寺行宫、个园、汪鲁门宅、盐宗庙、卢绍绪宅等。

扬州不仅是全国拥有大运河遗产点最多的城市，也是大运河申遗牵头城市之一。2006 年，中国大运河申遗活动正式启动，“大运河联合申报世界文化遗产办公室”就设在扬州。

# 第十一章 运河生长的原点

## ——扬州大运河道

### 1. 邵伯古码头：运河第一渡

扬州市江都区有一个千年古镇——邵伯镇，隋唐以来就是运河沿线重要商埠，古称甘棠和邵伯埭，素有“镇江小马头，邵伯大马头”之称。至今保存完好，一砖一瓦无不印着漕运历史的痕迹，一街一巷都氤氲着从容闲适的水乡滋味。

#### （1）东晋谢公有余荫

传说东晋著名政治家谢安曾在此筑埭，造福于民。百姓传颂其功绩，把谢安比作西周召公，古代“邵”和“召”同音，故名“邵伯”。镇上过去广植甘棠，现在还剩一棵，隐在老街院中，树龄超过 700 年，皮老如鳞，浓荫蔽日。

隋唐以来，从长江边瓜洲北上的船只，当晚可达邵伯。而从北方来的船只，也会在这里停泊休整，邵伯因此成了扬州段运河的枢纽之一。

史料记载，明隆庆年间，这里年过境瓷器 40 万件，淮南盐 400

> 运河上运送货物的船只快速通过扬州邵伯船闸　韩波 / 摄

万大引（1 大引为 400 斤）。北方的大豆、皮毛；南方的茶叶、桐油、丝绸等均在邵伯中转。沿岸 20 多个码头上，各式人等川流不息。时不时还有官船进镇，“呜呜”的长号声响彻河道，威武八面。由于客商众多，当地旅馆、茶楼等服务业异常发达，为船运服务的锚链、油麻、斗斛、盆桶等特产远近驰名。

清代扬州画家王素绘有一幅《运河揽胜图》，展现了邵伯市井百态，堪称扬州版《清明上河图》。画面上运河宽阔，桥梁横跨两岸，船只穿梭其中。码头上，夫役们往来搬运；官衙里，官员正在办公；街道两旁商店林立；古戏台前观众聚集；街道中有抬轿子的轿夫，一名女子从轿里探出头来……

> 航拍邵伯古镇运河生态公园　闵家振 / 摄

清代康熙、乾隆皇帝南巡，都从此经过。清道光三年（1823 年）十二月，林则徐坐船来苏，夜泊邵伯，当地官员纷纷迎送。这样的繁华场景延续到清末漕运停止，沪宁、京浦铁路通车，物资交易南移镇江，扬州航运日衰，邵伯才慢慢寥落下来，最后只剩下几座寂寞的码头。

> 邵伯镇大运河廉文化传承馆，一群来自邵伯小学三年级的孩子学写“廉”字　郁兴 / 摄

**（2）商贾迤逦，一河渔火**

如今北起邵伯节制闸，南至南塘，长约 2000 米的运河故道上分布有竹巷口码头、大马头、朱家巷码头和庙巷口码头，这就是被列入世界遗产点的“邵伯码头”。2006 年，邵伯运河码头与邵伯铁牛一起被列为省级文物保护单位。追寻古镇邵伯曾经的繁华，运河码头是一个起点。这些码头中，大马头规模最大，最具历史价值，被誉为“运河第一渡”。沿古镇中心向西，拾级而上，就能看到远近闻名的大马头，牌楼上的“大马头”三字相传为乾隆御笔。乾隆还特地撰有《邵伯湖》诗：

东南西北四湖通，谢傅遗休拟召公。

我适乘舟经泽国，修防宣蓄虑何穷。

三十几级青石台阶直伸河底，便于客运上下。码头北面有一座土地庙，终日香火不断。以前码头与运河水位齐平，远观帆影点点，近看农家炊烟，其乐无穷。现在水面萎缩，但麻石台阶还在，只是不见了帆樯林立，更不见舟楫代步的红男绿女。

大马头和运河石堤约在清康熙年间建造，堤岸面河部分为砖石结构，基部以大型条石为基础，上用大号城砖砌筑，顶部压一条石。河堤南北还留有两块清代石刻，一是“金堤永固”，一是“甘棠保障”。

前些年，扬州发现了一本《船帮》手抄本，详细描述了中国的72个半运河码头（溧阳码头算半个），扬州独占4席。这4席中，邵伯大马头排名最前。

> 邵伯古镇非遗项目“武坚莲湘花鼓” 庄文斌 / 摄

“大马头”的“马”为什么没有“石”字旁？相传此地曾为乾隆皇帝的御码头，他在题字时觉得“码”字有石，会绊到脚，碍着路，不吉利，于是便在题字时把“码”的“石”字旁省去不写。

如今，邵伯小镇已经成为扬州居民周末休闲的好去处。这里有邵伯湖，“三十六陂帆落尽，只留一片好湖光”，泛舟水上，垂钓湖畔，让人流连忘返；建于清康熙年间的邵伯老街，路面由近万条青石条铺成，绵延 3 里多，雨不积水，晴不扬尘；湖边的斗野亭建于北宋熙宁二年（1069 年），镌刻着宋代书法家苏轼、黄庭坚、米芾、蔡襄的墨宝字迹，诗香满亭；镇水铁牛建于清康熙年间，当年官府在淮河下游水势要冲处安置了 12 座动物雕塑——“九牛二虎一只鸡”，作为镇水瑞兽。现仅剩几只铁牛散落于河堤，邵伯铁牛是保存较完好的一只。

### 2. 盂城驿：中国邮驿“活化石”

驿站是中国古代的官办邮政局兼国营旅馆，由于肩负急报军情信息的职能，历代十分重视，称之“国之血脉”。明清时期，全国有驿站 2000 多座，兼具水陆转运功能的只有 80 多座，俗称水马驿，盂城驿就是这样一座驿站。它位于高邮市南门大街东，毗邻大运河高邮段，是全国现存规模最大、保存最好的同类驿站，堪称中国邮驿“活化石”。“盂城”是高邮别称，取意于宋代高邮籍著名词人秦少游描写家乡“吾乡如覆盂”的诗句。

#### （1）驿马嘶鸣两千年

高邮位于高邮湖东岸，是国家历史文化名城，苏中、苏北重要门户，现有盂城驿、龙虬庄遗址、高邮当铺、明清运河故道、镇国寺塔、平津堰 6 处全国重点文物保护单位。

南宋德祐二年（1276 年），文天祥入元营谈判被扣，后从镇江逃脱到达高邮，一路惊心，与高邮结下难舍之缘。他前后写下 6 首关于高邮的诗篇：《高沙道中》《至高沙》《发高沙》《稽庄即事》《高邮怀旧》《发高邮》。盂城驿建于明洪武八年（1375 年），是在元代秦淮驿的基础上发展起来的。明嘉靖三十六年（1557 年）毁于火灾，几成废墟。明隆庆二年（1568 年）知州赵来亨重建，并在《公馆记》中描述道：“皇华有堂，堂构峨峨，后寝渠渠，缭以周垣，启以高门，赭垩黝碧，宏敞炜煌。”

> 高邮湖上，一轮红日从东方升起，围网、渔船和太阳组成了一幅美丽景象

> 盂城驿内景　徐和德 / 摄

清康熙年间，著名文学家蒲松龄应朋友邀请，担任盂城驿驿幕（即驿站聘请的编外人员），其间常与百姓聊掌故、话家常，收集了丰富的创作素材，后在《聊斋志异》中写下 4 篇与高邮有关的小说。当时高邮连年水灾，盂城驿得不到维护，蒲松龄奋笔写下呈文，感动上司，使驿站受到重视。高邮人民感念蒲松龄，至今高邮仍保留有他的故居——柳泉草屋。

**（2）硕果仅存的水马驿**

原来的盂城驿规模宏大，有正厅 5 间、后厅 5 间、送礼房 5 间、库房 3 间、厨房 10 间、马神庙 1 间、马房 12 间、前鼓楼 3 间、照壁牌楼 1 座。驿北为驿丞宅，驿旁有秦邮公馆，堤上有迎接贵宾的皇华厅，东南有马饮塘，还蓄养着驿马 65 匹，备有驿船 18 条，马夫、水夫 200 多人。

盂城驿现存建筑大多为清代建造。穿过门厅，过石阶，依次有正厅、后厅、库房等，依旧笼罩着驿站鼎盛时期的气氛。

近些年来，为了更好地继承发展，政府对盂城驿实施了修缮扩容，复建了秦邮公馆、皇华厅、客栈、花园等，并在此基础上设立了中国唯一一家邮驿博物馆，基本再现了明清风貌。驿站坐北朝南，大致分为驿舍区、鼓楼区、马神庙。皇华牌坊面西而立，高大威严。“皇华”是对来往使节的敬称，他们看到牌楼，便知驿站已到。

皇华厅是驿站管理中心，五开间。驿丞在这里履行通邮传令职责，州官在这里迎候过境的上级官员，所以这里俗称为接官厅。该厅屏门上方悬挂“皇华厅”匾额，下为“明高邮州城图”，两侧对联写着“消息通灵会心不远，置邮传令盛德留行”。厅内还陈列着日常事务统计表、值班表、职责表、《邮驿律》等公文，通过雕塑、实物等展示了盂城驿当年的日常运作，让游客领略传统邮驿文化的丰富内涵。

穿过皇华厅，后有天井和驻节堂。左有驿丞舍，右为驿卒舍，还有传递文书的批单室。驻节堂是接待四方宾客的地方，厅、梁、柱、瓦都是保存了600多年的明代遗物。中间两根柁梁上有“年年有余”“万代如意”“步步高升”“必赢”等寓意吉祥的木雕，氤氲着淮扬水乡的民俗风情。有趣的是，房梁上有24个铜钩，用于悬挂行李。

驻节堂门外是小花园，内有鼓楼一栋，青砖黛瓦，昂然高耸，承担值更报时、站岗瞭望、击鼓报捷等任务，是盂城驿的标志性建筑。拾级而上，近观奔流不息的大运河，波光粼粼的高邮湖；南望通衢大道，车水马龙；北望古城街市，亭台楼阁；远眺稻田葱葱，沃野无边，不禁令人心旷神怡。

“一宿邮亭又前去”，时间在这里如行云流水，留下那些旅人们或喜或悲的往事。

# 第十二章　两堤花柳全依水　一路楼台直到山

## ——扬州运河人文遗产

### 1. 大运河上漂来的园林

《扬州画舫录》评价扬州、苏州、杭州三地特点：“杭州以湖山胜，苏州以市肆胜，扬州以园亭胜。”这些“园亭”大多是豪门大贾的私家园林，至今扬州仍存个园、何园、小盘谷、汪氏小苑等30多处。

扬州园林可以说是“大运河上漂来的”。因为扬州本不产木石，琳琅满目的奇石、名贵木料多由运河、长江送来，只有“有钱任性”的盐商才负担得起如此高昂的运输成本。

盐商们见多识广，造园不拘泥

> 扬州个园　马健 / 摄

> 个园雪后秀丽景色　江岳 / 摄

于某一风格，而是兼收并蓄。扬州园林既有北方皇家园林的典雅大气，又融合了南方园林的柔美雅致，还有徽派建筑的简洁舒朗，具有“南秀北雄”的独特魅力。

**（1）个园：以石为诗**

中国四大名园之一的个园，最初由两淮盐业商总（协助衙门向盐商收税的巨商）黄至筠建造，因池馆周围遍植翠竹，竹子顶部每3片竹叶都可以组成“个”字，在墙上的影子也是“个”字而得名。

个园以石景著称，用洁白浑圆的宣石、青灰色太湖石、粗犷的黄石、峭拔的石笋等叠成具有春夏秋冬韵味的假山，毫不突兀，表达出“春景艳冶而如笑，夏山苍翠而如滴，秋山明净而如妆，冬景惨淡而如睡”的诗情画意，融造园法则与山水画理于一体，被专家称为“国内孤例”。

园内的抱山楼是座七楹长楼，两座假山东西依楼而建，多条山径直通楼上。在长廊上可观赏不同质地的石头营造的夏秋两景，被人戏称为“时空隧道”。

“秋山”南峰之上的住秋阁三面为窗，是全园假山上最大的建筑。阁前有“秋从夏雨声中入，春在梅花蕊上寻”的楹联，为大画家郑板桥所题。此外还有清漪亭、丛书楼、宜雨轩、觅句廊等，别具一格。

**（2）何园：晚清第一名园**

被誉为“晚清第一名园”的何园坐落于徐凝门街，由清光绪年间曾任湖北汉黄道台的何芷舠所建，又名“寄啸山庄”，取自陶渊明“归去来兮……登东皋以舒啸，临清流而赋诗”之意。它最初为清乾隆年间的双槐园，现园内有大槐树一株，传为双槐园故物。

何园分为东园、西园、园居院落、片石山房4个部分，各成系统又浑然一体。园内有1500米复道回廊，左右分流、高低勾搭、衔山环水、登堂入室，形成全方位立体景观，充分发挥了园林艺术的回环变化之美和四通八达之妙，是中国园林中少有的景观。植物的培植也独具匠心。半月台旁的梅花、桂花、白皮松；北山麓的牡丹、芍药；南山的红枫；庭前的梧桐、古槐；建筑旁的芭蕉……高低错落，四季花开。园内的“片石山房”是明末清初画坛巨匠石涛叠石的人间孤本。此外，何园内还有明楠木厅、何家祠堂、骑马楼、牡丹厅、贴壁假山、蝴蝶厅等特色建筑。

> 扬州何园　楼雄甫 / 摄

> 扬州何园　孟德龙 / 摄

## 2. 汪鲁门故居：末代盐商的背影

大运河造就了扬州盐业的繁荣，也见证了扬州最后一代盐商的兴衰。南河下一带是扬州老城区，当年盐商云集，最西头有湖北会馆，沿着石板路往东走，可以看到廖氏盐商住宅、湖南会馆、安徽会馆、江西会馆、卢氏盐商住宅等遗址。这些古宅大多难觅原貌，唯有汪鲁门故居基本保持着原有风貌。

### （1）末世的繁华

汪鲁门故居初建于清乾隆年间，原为大盐商汪石公私宅，后辗转买卖，1919 年时被大盐商汪鲁门购得。抗日战争时期，扬州沦陷，汪氏全家迁往上海法租界，留下这栋见证了清末盐业繁荣的昙花一现的老宅。汪鲁门名泳泊，字鲁门，祖籍徽州。他不仅是一位成功的商人，还是文化人，诗文俱佳，常与名士、画家往来唱酬。传闻他为人豁达，崇文尚德，所以其宅院又称“世德堂”。据称，唐代诗人李白“桃花潭水深千尺，不及汪伦送我情”中的汪伦即是汪氏先祖。

汪鲁门的创业经历一直被时人称道。他中年时曾为官，做过山阴县令，并代行淮安知府事。后来厌倦仕途，弃官经商。清末民初，淮南盐场由于海岸东移，产量日益减少，官府力倡在淮北加大产量。汪鲁门说服别人合作成立公司，在淮北左营开建盐场。凭着对市场的了解，以其过人的魄力和策略，在这块别人眼中的“不毛之地”产出了大量食盐。

此后，汪鲁门先后与友人创建了 7 家盐业公司，每年产盐达数

> 扬州何园“枫”景　孟德龙 / 摄

百万石，可谓日进斗金。后被盐商们推举为商总，即作为盐商们的总代理，跟盐运使衙门打交道。由于他的辛勤经营，一度没落的扬州盐业又兴盛起来。

（2）两淮盐业兴衰的见证

汪鲁门故居的选址也很有讲究。南河下是会馆聚集的地方，安徽会馆规模尤其宏大。徽商在近代几乎左右了整个中国商界，来扬州后，他们凭借高超的经营手段取代了原先山陕商人的主导地位。作为安徽人，汪鲁门把家安在这里，首先是方便自己与商界人士，以及与老乡们走动，其次是这里临近运河，相当于在家门口有条“高速公路”，不但自己进出自如，也便于上码头看货。另外，这里还靠近引市街和钞关，即盐运使衙门所在的地方，方便跟官府沟通。现存宅院面阔 3 间，位于同一中轴线，前后九进，分别为门楼、大厅、二厅、住宅楼等，总长 115 米，建筑面积 1700 多平方米。体量宏大，布局严谨，用料考究。马头墙高度超过 8 米，如一方城堡。从大门向里望去，由南向北地面逐步增高，绵延百米，气势恢宏，寓意“步步高升”。地面铺设的是苏州烧制的皇家专用“金砖”。

走过门楼、照厅、正厅，能看到目前扬州保存最完整、面积最大的楠木厅，占地 200 多平方米，厅内有 14 根直径约 0.5 米的楠木梁柱威严矗立，所有构件如梁、柱、椽、雕饰等无不是由楠木做成，这样的楠木厅在盐商故居中也是独一无二的。

第四进住宅西侧有一扇金属门，显得跟周围的雕栏画栋格格不入，原来这里是当年日本侵略者侵占后修建的小金库。进去后是一

> 扬州盐商汪氏老宅　安心 / 摄

个方方正正约 20 平方米的空间。墙体也分两层，内为钢筋混凝土，外是砖墙。

故居内大部分建筑结构为上楼下厅式，从二楼俯瞰，每进房屋之间连接着一条“回”字形通道，将楼上每个房间相通，形成“串楼”。

扬州富商们盖的豪宅通常气派无比，设施美轮美奂，但因为主要是砖木结构，一旦失火，后果不堪设想。汪鲁门住宅的马头墙非常高大，一旦起火，可以作为隔断防止蔓延；前后进之间檐墙高筑，只要关紧中门，大火难以前后扩散；住宅边上还设有宽巷，与其他住宅相隔较远。通过这些措施，构筑起道道“隔离带”，有效保护了奢华的宅院。

> 鸟瞰常州夜景　王智轩 / 摄

# 第十三章 龙腾中吴

## ——常州城市概述

常州位于江苏省南部，北靠长江，西接镇江、南京，古称“三湖（滆湖、太湖、芙蓉湖）襟带之邦，百越舟车之会”。春秋时期，常州人就开始沿河筑城，后作为郡、州、府治，为吴中名邑。粉墙黛瓦传承着文化鼎盛，河道码头记载着商贾繁华。

今天的常州，是长江三角洲先进制造业基地和文化旅游名城，是长江三角洲的中心城市之一，与苏州、无锡构成了长江下游“黄金走廊”都市带。

### 1. 三吴重镇，八邑名都

常州可考的文字历史距今有 2500 多年，古名延陵，后有毗陵、毗坛、晋陵、长春、尝州、武进等名称，隋文帝时，此地被定名为常州。常州市南约 7 千米的淹城是我国目前保存最古老、最完整的地面城池，有三重土城墙，各城均有护城河环绕。城中出土过 4 条独木舟，距今约有 2800 年历史。

春秋时期，延陵是吴王寿梦第四子季札的封邑。相传季札品德高尚，学识渊博，对周乐很有研究，孔子称他为君子，后人尊他为常州的人文始祖。从吴王寿梦开始，吴国的国力逐渐强大，和越国、楚国之间的战争连绵不断，常州先后归属于越国和楚国。西汉高祖五年（公元前 202 年）改延陵为毗陵，为县治。王莽改毗坛，东汉建武元年（25 年）时复称毗陵。

今天我们在常州经常看到像戚墅堰、西夏墅等这样带“墅”的地名，这是什么典故呢？西晋时期，许多中原和华北的汉人纷纷渡江逃往南方，其中有很多豪门大户，他们挟巨资而来，在这里买田置地，建起庄园，被称为“墅”，成为豪华气派的地方景观，后来演变成一处处地名。

常州西北有个小镇叫万绥，六朝时叫东城里。这个小镇有着显赫的过去，这里是齐梁帝王故里，先后出过 15 位皇帝。最初萧道成建立南齐，20 多年后，他的族侄萧衍取而代之建立南梁，历史上统称这一时期为齐梁。由于龙是皇帝的象征，所以常州又名龙城。

齐梁文化十分兴盛，皇室成员更是风流倜傥。萧氏家族有 40 多人留下著作（涌现出一大批文学家、音乐家、书画家），萧衍被称为“诗人皇帝”，他的长子萧统组织编撰了中国最早的诗文总集《昭明文选》。

常州的道教和佛教都很发达。南梁时期，著名道士陶弘景来到茅山创建道团，茅山道士在中国民间享有崇高地位。始建于唐代贞观、永徽年间的天宁寺，有“东南第一丛林”美誉。后世乾隆皇帝六下江南，曾 3 次到天宁寺礼佛，并题写了“龙城象教”大匾。

> 常州大剧院　沈晶 / 摄

## 2. 烟柳江南，天下粮仓

三国时期，孙吴大规模屯田，奠定了常州的农耕基础。隋唐以来，不断兴修水利，使常州成为“财赋甲于天下”的粮仓，承担着繁重的漕粮征收任务。

史料记载，明洪武年间，常州府的征粮数目接近广西、云南两省总和。清代时，武进全县（包括阳湖）共有漕白粮船（白粮指江南上等稻米，主要供皇家和官员享用）120 多艘。

大文豪苏东坡对常州情有独钟，曾 11 次来过常州，2 次向朝廷上表要求居住在常州，最终在此逝世。去世前 40 多天，他从海南流放归来，百姓们在运河两岸夹道欢迎。他的人格力量、学识才华一直是常州人美好的回忆。

常州是儒雅的，更是坚强的。宋末元初，元兵大举进攻南宋都城临安，常州作为临安屏障，成了兵家必争之地，发生了有名的“常州保卫战”。2 万市民和数千宋军在无险可守、无粮可吃的情况下，抵抗 20 万元兵达半年之久。时人用“纸城铁人”来称赞常州人民的英勇精神。

明清之际，多种经营的发展活跃了城乡经济，加上运河漕运的枢纽地位，常州工商业空前繁荣。明永乐年间，常州成为中国 33 个大商埠之一。人们用“市浮于农”来形容工商业的发展超过了农业。清乾隆年间，阳春三月，诗人张问陶在常州阳湖泛舟，见桃红柳绿，心旷神怡，诗兴大发，写下《阳湖道中》，描绘出一幅醉人的江南美景：

风回五两月逢三，双桨平拖水蔚蓝。

百分桃花千分柳，冶红妖翠画江南。

常州人心灵手巧，这在各种精巧的手工艺中有非凡表现。常州梳篦、留青竹刻和乱针绣，被誉为“常州三宝”。梳篦即古代梳理头发的梳子，常被用作头饰。常州梳篦技艺形成于东晋时期，清代中叶城内有数万人从事梳篦制作，常州城所产梳篦在当时畅销全国。中华人民共和国成立后，常州梳篦还曾被作为国礼赠送外国友人。

### 3. 儒风蔚然为东南冠

常州是有名的状元之乡，文风鼎盛。历史上共出过 9 名状元、8 名榜眼、12 名探花和 1546 名进士。尤为辉煌的是，北宋大观三年（1109 年），全国取进士 300 人，常州中了 23 人，占全国 1/13。清代诗人龚自珍称赞常州“天下名士有部落，东南无与常匹俦”。

老城区有条青果巷，堪称常州历史的缩影，不仅走出了近百名进士，而且出现了明代大儒唐顺之、清代书画家汤贻汾、中国近代工商业开拓者盛宣怀、清末小说家李伯元、革命先驱瞿秋白……

民国年间，常州涌现出大批著名学者，如赵元任、吴稚晖、吴定良等；中华人民共和国成立后，在近百名两院院士中，江苏籍的院士人数特别多。

常州名胜古迹众多，现有国家级重点文物保护单位十余处，省级文物保护单位数十处，各类名人故居 30 多处，还有各式精巧的园林，如近园、约园、半园、亦园等 40 多座。

在新的历史时期，常州正在将自己打造成更具影响力的长江经济带中枢，建设多层次的交通走廊，在山水格局中梳理城市环境，丰富蓝绿色系，让它成为一座散发着人文魅力与幸福味道的宜居家园。

# 第十四章

# 似流膏脂满河中

## ——常州河城共生

江南运河从镇江谏壁闸开始，一路向东南奔去，来到大名鼎鼎的常州奔牛镇，从这里的连江桥到东边的东方大桥，这段长约 23 千米的大运河道被列入世界文化遗产目录。它包含东、中、西 3 个部分。其中，东段、西段为郊野段，中间为城区段，西起篦箕巷，东到东坡公园，如今是常州旅游新名片。近些年来，政府大力推进环境整治工程，整治后的河道两岸，树木葱茏，古道幽深，雕梁画栋，亭角飞翘，另外，在整治过程中，还分段设置了不同景观主题，配上灯光音响，使得当下和过去共存，现代与古

> 船舶行驶在油菜花开的京杭运河江苏常州段　陈暐 / 摄

朴交融，行走在这段河岸上仿佛行走在立体的文化走廊，给古老的龙城增添了几分韵味。

### 1. 上通京口，下行姑苏

常州位于长江流域、太湖流域及京杭大运河的交汇地带。河流密集，仅流经市区的河道就有 46 条，其中 21 条为主干河道，是一座典型的江南水城。常州大运河全长约 45.8 千米，由主航道、市河、关河、南运河等河道组成，是江南运河连江通湖的重要河段，自开挖至今已有 2500 多年历史，有常州“母亲河”之称。运河兴则百业旺，运河衰则百业凋，几千年来形成了城河相依的人文底色。

世界上最古老的运河——胥河，即流经常州。公元前 506 年，吴王阖闾为了伐楚，命伍子胥开挖运河，从苏州通到太湖，经宜兴、溧阳、高淳，在芜湖注入长江，全长 100 多千米，比隋炀帝开挖运河早了 1000 余年。吴王夫差即位后，为了北上争霸，又开凿新河，由苏州望亭经无锡到常州奔牛。由于奔牛向丹阳方向的地势高亢，挖掘难度太大，运河从奔牛拐了一个弯到老孟河接入长江，全长约 170 里。此河开通 9 年后，夫差又下令开凿苏北的邗沟，打通了长江和淮河。

约 300 年后，秦始皇统一六国，来到江南巡视。一番考察后，下令开挖了从奔牛经丹阳到丹徒辛丰镇的运河，全长 40 多千米。由于该地段地势艰险，为开挖这条运河耗费了巨大的人力，不过正因为这条运河的成功开挖，使得江南运河全线贯通成为可能。

> 京杭大运河常州段，飞虹桥　谢白 / 摄

## 2. 漕船过闸如鱼贯

江南运河由镇江而来，先至奔牛镇，再向东南经过常州市区。奔牛镇有 2000 多年历史，因奔牛闸而闻名。这里处于宁镇山脉和江南平原交界地带，河水落差较大，奔牛闸的作用就是调节水量，防止“朝溢暮涸”，是江南运河的重要节点。

南宋诗人杨万里经过此地时，形容“一行二十四楼船，相随过闸如鱼贯”。陆游曾撰文评论：“语曰：‘苏常熟，天下足’。故此闸尤为国用所仰。迟速丰耗，天下休戚在焉。”由于奔牛闸所在地附近舟楫往来，人头攒动，作坊店铺应运而生，使得奔牛镇市声如潮，贸易繁荣，名噪江南。

唐代以后，江南经济发展迅速，有了“上有天堂，下有苏杭”的说法。唐朝在常州市区设立的毗陵驿设施齐全，规模宏大，提供水、

> 江苏省常州天宁寺佛塔

陆两路递运业务，规模仅次于南京金陵驿。传说，乾隆皇帝曾给毗陵驿赐名“皇华馆”，又给生产贡品梳篦的花市街赐名“篦箕巷”。从此，毗陵驿名声大振，其周边成为货物集散地，是江南运河最繁忙的地段之一。

清代是漕运的顶峰时期。常州作为“上通京口，下行姑苏”的转运中心，“自苏松至两浙七闽数十州，往来南北两京者，无不由此途出”，城内还形成米市、豆市、果市等大市场。

### 3. 小艇沿流画桨轻

常州城市格局随运河南迁而扩展，逐渐形成依河建城、河随城迁、河城相套的特色，“水陆并行、长街沿河、短巷向水”。河边绿树垂阴，水里鱼虾肥美，清人有诗赞道：“玉梅桥边买舟去，三尺鲤鱼飞上树。”

由于居民们的饮水、洗濯等都在家门口的河道解决，加上货运、漕粮、旅客等都沿河上下，一条条特色街道就在河边自然生长起来。如市区南侧前河边的青果巷，就是旧时的南北果品集散地，号称“入千果之巷，桃梅杏李色色俱陈”。

清末以来，由于社会动乱加上自然条件的变化，一些河道逐渐淤积，到了民国年间，索性把部分河道填平形成马路。由于临近上海，常州的工商业得到较快发展，西风东渐，市容风貌发生了很大变化。

中华人民共和国成立后，为了适应新时代城市建设，提升航道等级，增加运力，实施了常州运河南移工程，开挖了从连江桥绕312国道到东方大桥汇入老运河的新运河，宽达90米，给苏南经济增添了一条动脉。原有的城区古运河彻底卸下航运重任，成为供市民休闲漫步，沐浴运河文化的景观大道。从江苏省唯一面向大运河的古城门西瀛门出发，经篦箕巷往东，过文亨桥、皇华亭，一路布满古迹、古韵，堪称大运河在常州最精华的一段。如果说，两千多年的运河文化是常州的“里子”，那如今这条整旧如旧、人文荟萃、平和从容的古河道，就是常州的“面子”。

# 第十五章 曲水熏风一棹飘然

## ——常州大运河道

### 1. 毗陵驿口驻飞舻

《红楼梦》第一百二十回里，贾宝玉离家出走后，在街市上偶遇父亲贾政。小说这样写道："一日，行到毗陵驿地方，那天乍寒，下雪，泊在一个清静去处……（贾政）抬头忽见船头上微微的雪影里面一个人，光着头，赤着脚，身上披着一领大红猩猩毡的斗篷，向贾政倒身下拜……贾政才要还揖，迎面一看，不是别人，却是宝玉……"这幕让人不胜唏嘘的场景，就发生在常州老西门古运河北岸"毗陵驿"，至今为常州文化添上了一份悲情迷幻之色。

毗陵驿是旧时常州仅次于金陵驿的大驿，始建于唐朝，水陆两用，是江南驿道的重要节点。名字来源于隋炀帝在常州大兴土木建设的离宫——毗陵宫。古时，毗陵驿十分繁忙，传递公文信函，接待四方来使，迎接官员使臣。隋唐以来，大批被列为贡品的土特产也源源不断通过此驿运往京城。

南唐时期，吏部尚书、文学家徐铉曾任毗陵驿丞，作过与毗陵驿相关的诗词，如《常州驿中喜雨》《驿中七夕》《又绝句题词毗陵驿》等，描述了他的驿站生活。其中《又绝句题词毗陵驿》的诗句为：

曾持使节驻毗陵，长与州人有旧情。

为向驿桥风月道，舍人髭鬓白千茎。

北宋时，因驿馆东枕漕渠以通荆溪，故改名荆溪馆。南宋高宗赵构两次西征抵御金兵南袭，往返金陵途中都曾在此驻跸。

明洪武元年（1368 年），此驿改为武进站，迁置朝京门（俗称老西门）外；明洪武六年（1373 年），改武进站为毗陵驿，改提领为驿丞；明天顺五年（1461 年），毗陵驿移置城内，将朝京门内元代的万户府改建为毗陵驿；明正德十四年（1519 年），复迁毗陵驿于朝京门外，武进西直厢西直街上，即文亨桥北岸以西；清光绪九年（1883 年），最后一次在朝京门外复建。从明至清，毗陵驿大部分时间设在朝京门外，即今篦箕巷一带。

乾隆皇帝南巡至常州时，有 3 次从毗陵驿上岸，还留下了《过常州府城》诗句：

毗陵驿口驻飞舻，城郭周巡六辔纡。

老幼欢欣称就日，江山风物已匀吴。

诗中描写了毗陵风情和吏民迎驾的盛况，也勉励官吏要勤于政事，体恤民情，教化百姓。

驿站全盛时有驿马近 60 匹，站船 15 只，马夫数十名，水手上百名。站铺相递，水陆兼备，四通八达。正因为有如此规模和名气，

> 舣舟亭　部景雨 / 摄

曹雪芹才会把《红楼梦》中父子诀别的凄婉场景安排在这里。清光绪三十四年（1908 年）后，沪宁铁路通车，官员出行不再骑马乘船，传递公文信札也由邮局代替，驿站已无存在意义。但因中国幅员辽阔，各地建设并不均衡，所以直至 1912 年 5 月，北洋政府才裁撤全部驿站。后驿馆被改为仓库、商场等，今遗迹已不存。

1987 年拓宽大运河，于大码头遗址处重建皇华亭，立“毗陵驿”碑于亭内。亭畔为仿古商业步行街——篦箕巷，是闻名遐迩的景点。

## 2. 篦梁灯火，文亭穿月

常州城西古运河北岸的篦箕巷，虽然长度不足百米，却是一条著名的古街。毗陵驿、御码头都在附近，乾隆南巡时，有两次就是从这里登岸。如今这里也是常州古运河水上游的上下船点，一拨拨游人荡舟水上，追忆漕运时光。

篦箕即古代梳头发的篦子，也可作为头饰。篦箕巷旧称“花市街”，从明代起就是篦箕工坊集中地。“扬州胭脂苏州花，常州梳篦第一家”，吸引了无数人慕名而来。巷中至今仍有篦箕店营业，历史最为悠久的老店创于明天启年间，至今已有近 400 年历史。

篦箕巷店面都是骑楼式建筑，挑梁伸出巷道，梁下挂着宫灯。过去一到夜晚，家家红灯高照，彻夜不灭。灯光渔火交相辉映，宛如金色游龙。常州西郊八景之一“篦梁灯火”就典出于此。

邻近巷子的文亨桥，是高大的三孔石桥，造型挺拔雄奇，始建于明嘉靖二十七年（1548 年），清乾隆年间重建。“文亨桥”得名与古代科考有密切关系：常州是苏州府、松江府到南京的必由之地，此桥直通运河“大码头”，赶考的举子络绎不绝。为讨口彩，便称此桥为“文亨桥”。

每当皓月当空，清风徐来的夜晚，玉盘高悬，清辉四溢，文亨古桥的 3 个半圆形桥洞映入水面，形成 3 个大圆，每个圆中都能看到一个圆月，可与扬州五亭桥“每洞各衔一月，金色荡漾，众月争辉，莫可名状”之景相媲美。这就是闻名遐迩的西郊八景之二“文亨穿月”。

可惜 1987 年拓宽古运河时，原横跨河面的文亨桥被拆迁后重建于附近的护城河故道上。因为角度改变，桥洞下再也看不到月亮的倒影。这一奇特景观的消失，对于老常州人来说有种说不出的苦涩，也是时代发展留下的遗憾。

当然，如今的江南盛景，已是清代不能比拟。巷内人群络绎不绝，梳篦、大麻糕、虾饼、糖画、泥人、竹编等琳琅满目，工艺之精美、小食之诱人更胜从前。如果乾隆穿越至此，一定会感叹，这样的江南比他治下的江南不知繁华了多少倍。

### 3. 舣舟亭：苏轼在此泊舟

常州天宁区古运河河畔有一个舣舟亭公园，小巧玲珑，声名远扬。它三面环水，相传苏轼曾数次乘船停泊于此，后人筑亭以为纪念。“舣舟”二字的意思就是“系舟”或“停船”。

苏轼逝世700多年后，乾隆皇帝慕名而来，写下6首纪念诗词，表达他对苏轼的仰慕，还题写了“玉局风流”（苏轼晚年曾为成都玉局观提举，后人又以“玉局”代称他）匾额。穿过古朴的砖雕工艺大门，绕过曲廊，眼前豁然开朗。林木蔚秀，水石清奇。桥旁就是乾隆御碑亭，东北假山边有青石凿成的东坡洗砚池，据说是苏轼晚年洗涤笔砚之处。乾隆第二次下江南时，地方官员将它从东坡故居藤花旧馆移到这里。

舣舟亭位于公园最高处。亭基原名文成坝，传说为保常州浓厚的“才子之气”不致向东流失，古人在古运河上筑起高坝，使河水绕个大弯再拐向东。康熙、乾隆二帝南巡时，在此兴建过万寿亭行宫，现已不存。此亭历经沧桑，几度重修，飞檐翘角，临运河而立。金石柱8根承托亭盖，施以斗拱、雕梁、龙吻脊，庄重而不失灵气。

苏轼一生与常州结下了不解之缘。早在他初出茅庐，进士及第时，便与多位常州籍同考举子结成好友。宋神宗熙宁六年（1073年），苏轼任杭州通判，被派往润州（今镇江）救灾赈饥。路过常州时，流连于群山苍翠、溪水明澈、藤花掩映的美景。生性浪漫的他还在舣舟亭一带系舟野宿，写过《除夜野宿常州城外二首》，表达了挂念民间疾苦，以及感叹岁月伤逝的复杂感情：

行歌野哭两堪悲，远火低星渐向微。
病眼不眠非守岁，乡音无伴苦思归。
重衾脚冷知霜重，新沐头轻感发稀。
多谢残灯不嫌客，孤舟一夜许相依。

> 雪后常州城　陈暐 / 摄

北宋熙宁七年（1074 年），苏轼好友钱公辅在常州逝世，他前去吊唁，并作悼词“吾行四方而无归兮，逝将此焉止息”，表明了自己将来选择常州作为归隐之地的愿望。

直到 20 多年后，贬谪海南，年过六旬的苏轼适逢朝廷大赦，终于圆了他半生的梦想。苏轼速速直奔常州，想着可以和老朋友们比邻而居，安度晚年。万分可惜的是，由于一路颠簸，途中不幸染病。抵达常州后数十天，便在城内顾塘桥畔孙氏馆逝世。这颗灿烂的文星，终于彻底放下身心的疲惫，栖身于江南的苍山秀水间，给后人留下了无数慨叹。

# 第十六章 满船明月满船烟

## ——常州运河人文遗产

### 天宁寺：庄严妙胜，甲于东南

常州天宁寺与镇江金山寺、扬州高旻寺、宁波天童寺并称“中国禅宗四大丛林”。它雄踞大运河畔，庇佑龙城1000多年。鼓一声，钟一声，磬一声，木鱼一声，给无数文人学士、寻常百姓带去了心灵的慰藉。

#### （1）一郡梵刹之冠

天宁寺殿宇巍峨壮观，佛像高大庄严，法会闻名遐迩，历代高僧辈出。自唐以来，日本、朝鲜等国均有僧人来此参学求法。自山门起，在中轴线上依次排有天王殿、大雄宝殿、玉佛殿、三宝殿和天宁宝塔，罗汉堂分设两侧，象征四大道场的文殊殿、普贤殿、观音殿、地藏殿各据一角。长廊相连，寺塔合璧，造型典雅，香火旺盛，是拜佛礼佛的胜地。

寺内还珍藏着清嘉庆二十五年（1820年）制作的日晷、嘉庆三年（1798年）始刻的五百罗汉、明代所书金刚经石经幢、宋代香樟

> 天宁寺　部景雨 / 摄

木制十面观音像、唐代铜制释迦牟尼佛坐像以及 16 世纪印度天然水晶佛像等稀世珍宝。禅寺始建于唐代贞观、永徽年间。后经陆续扩建，寺中法会极盛。常州城东晨钟暮鼓回响，袅袅青烟不绝……寺志中有“法会之盛，闻名遐迩，庄严妙胜，甲于东南”的记载。南宋绍兴十二年（1142 年），宋高宗为纪念被俘去世的宋徽宗，下诏将天宁寺改为“崇奉徽庙道场”。元代至元年间仍复称天宁寺，沿袭至今。清代，乾隆皇帝六下江南，曾 3 次到此拈香礼佛，并题写了“龙城象教”（因佛教起源于多象的印度，又称象教）匾额和大雄宝殿抱柱楹联。

**（2）中华第一佛塔**

天宁寺原有佛塔，后被毁。2002 年，这里建起中华第一佛塔——天宁宝塔。塔高 13 层，高 153.79 米，为国内 4000 多座宝塔之最。塔身骨架耗用 6500 吨钢材，塔尖与底部的垂直度误差不足 1 厘米，曾获国家级建筑大奖。

宝塔基座的 6 层围栏上，围绕着 999 座汉白玉雕刻的玉塔塔林，与天宁宝塔形成“众聚如林”的盛况。玉塔之间，是由 1000 块玉石板聚成的经文碑林，由海内外 500 名高僧书写。

宝塔中的大柱、栏杆、吊顶、楼梯、扶手、门槛等全部使用楠木，出自缅甸和巴布亚新几内亚的深山老林。最夺人眼球的是塔顶金刚宝座塔刹，包括莲台、象轮、鼓座、火焰板，由 75 吨黄铜浇铸而成。宝塔第 13 层展现的是佛祖释迦牟尼在灵山讲经说法的宏大场面，由五方五佛和四幅壁面组成。位于中央的是堪称镇塔之宝的天然水晶佛，其源于 16 世纪印度，20 世纪流落欧洲，后被爱国人士迎请回国。四方玉佛采用的是新疆和田玉中白、墨、蓝、红 4 种色玉雕刻而成。

> 天宁寺大钟　吴吕明 / 摄

> 天宁寺宝塔　吴吕明 / 摄

4 幅壁面每面长 6 米，高 2.4 米，10 多位东阳民间雕刻大师整整忙碌了近一年，在柚木上展现了近 600 个神态各异的人物。

宝塔 13 层顶的钟楼层，距离地面 118 米处悬挂着一口 15 吨大钟，为国内最高。钟身需数人合围，钟壁厚如青砖，敲钟之柱粗于碗口，钟声幽远。

> 穿城而过的运河和无锡城市夜景

# 无锡

# 第十七章 『水』字写进城市基因

## ——无锡城市概述

“太湖明珠”无锡，位于江苏南部，太湖北岸，东接苏州，西连常州，是我国著名的“鱼米之乡”，国家级历史文化名城。居民富庶，经济发达，有“小上海”之称。“无锡”的名称由来尚无定论，广为流传的说法是周、秦时期锡山产锡( 锡在当时是重要的战略物资，可掺入铜中冶炼青铜器），至汉朝锡尽，故名“无锡”。

### 1. 泰伯开荒，教化百姓

无锡古称梁溪、金匮，是江南文明的发源地之一，有文字记载的历史可追溯到 3000 多年前的商代末期。公元前 11 世纪末，周族部落首领古公亶父想把王位传于第三子。长子泰伯和次子仲雍出于对父亲的孝顺，主动从陕西岐山来到东南吴越，栖身于梅里（今无锡市梅村镇），并入乡随俗，断发文身，其中泰伯“自号句（勾）吴”，后被尊为“吴太伯”。传说他带领百姓发展农耕，栽桑养蚕，还从梅里开凿了一条横贯今锡山区东乡的人工河道“泰伯渎”，把原来的若干地方河道连缀成片，大大方便了水利灌溉和交通运输。泰伯造福乡里、主动让贤的高风亮节被孔子和后世儒家称颂不已，是无锡地区的人文始祖。

周灭商后，因泰伯无子，周武王追封仲雍的曾孙周章为吴君，建吴国。此后 600 多年间，梅里一直是吴国都城。泰伯、仲雍将中原文明带入江南，与土著文化有机融合，形成了独具特色的吴文化。

春秋后期，越灭吴，楚又灭越。公元前 248 年，楚考烈王将江东吴地赐封给春申君黄歇，以古吴墟为都邑。东汉《越绝书》记载道:“春申君时，立无锡塘，治无锡湖”。无锡湖即今无锡市西北芙蓉湖，水波万顷，碧浪滔天。湖中有一土墩，四面环水，风景秀丽，据说吴王夫差曾在此大宴群臣。黄歇在土墩上扎营，疏治芙蓉湖，故名“黄埠墩”。后因二帝（清康熙和乾隆）、二相（楚相黄歇和南宋宰相文天祥）、一青天（被誉为“海青天”的明代名臣海瑞）登临而闻名遐迩，成为运河胜迹。

## 2. 天下码头，王朝粮仓

西汉时期，无锡已有冶铁、铸铜、制陶、髹漆等手工业，并使用铁器耕作。六朝时，北方战乱频繁，豪门贵族大量南迁，他们在无锡治湖筑圩、兴修水利，到唐宋时期，太湖周围河渠纵横、湖塘棋布、排灌便利。那时，无锡的养蚕业也很发达，有“沟塍堕微溜，桑柘含疏烟。处处倚蚕箔，家家下鱼筌”之说。

北宋元丰二年（1079 年），苏轼被调往湖州任知州，在无锡访友问道，品茶登山，诗兴大发，写下《惠山谒钱道人烹小龙团登绝

> 无锡运河清名桥

顶望太湖》：

踏遍江南南岸山，逢山未免更留连。

独携天上小团月，来试人间第二泉。

石路萦回九龙脊，水光翻动五湖天。

孙登无语空归去，半岭松声万壑传。

惠山泉水甘冽清香，时人赞为“天下第二泉”。苏东坡品后念念不忘，到浙江后还向无锡的朋友写信讨要，“愿子致一斛”，成为一时美谈。京杭大运河开通后，无锡“商旅往返，船乘不绝”。城中金银、丝帛、酒酿、油坊、米铺等各类商铺林立，成为江南富庶之地。

由于无锡米质上佳，从元代以来就成为官粮主要征收地。明代北京光禄寺内专门设有储存无锡大米的粮仓。明清两代，无锡的砖瓦名扬大江南北。明初，南门外伯渎河东南侧，建有砖窑 30 多座，称“洪武窑”。清初有《竹枝诗》描述当时的盛况：

城南一望满窑烟，砖瓦烧来几百年。

摄取高乡土零卖，荒田多变作良田。

清中叶以来，无锡棉织业兴起，全县有 5 万多台织布机，每年产出土布上千万匹。各地布商云集，从北栅口至北塘，形成绵延数里的布市。甲午战争后，许多有识之士看到国家积贫积弱，主张实业救国，无锡成为民族工商业发祥地。史料记载，1937 年无锡工业产值仅次于上海、广州，居全国第三位。由于工厂林立，资金缺口很大，贷款业务兴旺，无锡还是江浙一带有名的“放款码头”。

### 3. 惠麓烟霞，梁溪风月

中华人民共和国成立后，无锡继续保持着经济发展和自然环境的优势，立足于建设山水城市、高新技术城市。由于改革开放较早，无锡乡镇企业异军突起，是“苏南模式”发祥地。无锡县（现锡山区）曾连续 10 年位居全国百强县之首。21 世纪以来，无锡作为长江经济带、长江三角洲城市群重要城市，是中国最具投资价值的城市之一。

“太湖佳绝处，毕竟在鼋头”，无锡风光具山水之胜，融河湖之美，兼人工之巧。鼋头渚集太湖山水与园林建筑于一体，被称为“太湖第一胜境”；天下第二泉清澄甘冽，名曲《二泉映月》如泣如诉；世界第一铜铸大佛——灵山大佛是善男信女的朝拜圣地；宜兴竹海、茶林、溶洞，极尽大自然之鬼斧神工。还有惠山古镇、荡口古镇等吸引了无数游人踏访，游人借着这些被岁月雕琢得古色古香的弄堂、小桥、名宅、店铺，触摸江南水乡最原始的脉搏。

无锡文风昌盛，绵延千年，名人辈出。古有六朝大画家顾恺之、元代画家倪瓒、明代旅行家徐霞客、清末外交家薛福成等；近有国画大师徐悲鸿和吴冠中、大学者钱锺书、著名经济学家孙冶方、国学大师钱穆、著名物理学家钱伟长、中共领导人秦邦宪（博古）、张闻天等。

无锡还有众多特产，宜兴紫砂壶、惠山泥人闻名天下；酱排骨、阳山水蜜桃、“太湖三白”（银鱼、白虾、白缌鱼）、小笼包、油面筋等让人食指大动。其中惠山泥人取材于惠山北坡地下的黑泥，其质细腻柔软，折而不断，干而不裂。泥人造型饱满，线条流畅，色彩鲜艳，寓意吉祥，是外地游客来锡必买的特产之一，至今惠山脚下还有泥人售卖一条街。

> 无锡古镇

> 无锡太湖鼋头渚樱花

# 第十八章 太湖佳绝处 运河水弄堂

## ——无锡河城共生

江南运河从常州往东南延伸，便来到运河航行条件最好的河段。此处河段历史上很少暴发洪涝，水质清澈，流量充沛。岸边湖光山色，稻花飘香。无锡段运河全长40多千米，北接长江，南达太湖。其中从吴桥经西水墩、南门至清名桥长约6千米的河段横贯无锡市区，被称为“水弄堂”。烟雨空蒙，桨声灯影，如行画中。

船行清名桥下，拱形桥身倒映在水中像一只灵动的眼睛。两岸民居临窗面水，码头石埠错落有致，大多保持着明清风格。推开前门买菜逛街，打开后门洗菜晾衣的传统生活似乎并未远去。梅雨时节，丝丝小雨映着白墙黑瓦，就像一幅“人家尽枕河”的水墨江南图。这样的画面，白居易看过，苏东坡看过，康熙、乾隆皇帝下江南时也看过。

### 1. 两水回环抱一洲，不通车马只通舟

史载 3000 多年前荆蛮地区“三山六水一分土”，一片片沼泽浅滩中，土墩无数，却没有连绵成片。泰伯渎开通后，让锡东地区有了水上运输干道，是江南运河的雏形。2500 年前，雄心勃勃的吴王夫差，在长江以北开掘“邗沟”，在长江以南疏浚“吴古水道”，流经无锡。公元前 248 年，楚国春申君获准将其领地从淮北迁至江东，以“故吴墟”为都邑，立“无锡塘”、治“无锡湖”，他修堤筑岸，规范航道，这就是无锡古地名北门塘、南上塘、南下塘的由来。由此奠定了无锡兴旺发达的基础，也将“水”字写进无锡历史的基因。

隋大业六年（610 年），隋炀帝下令开凿江南运河，“自京口（今镇江）至余杭郡（今杭州）八百余里，水面阔十余丈”。大运河的贯通，改变了无锡自给自足的小农经济生产方式，靠着“左姑苏而右南徐，引蠡湖而控申江”（元《无锡县志》）的地理优势，向农业与手工业结合、内销与外供兼备的多种经营方式转变。

由于土地肥沃，水网密布，“一县之土，田居十分之九”，无锡成为漕粮的征收重地，是王朝倚重的粮仓。

元代开通京杭大运河后，无锡成为南北运输大动脉的重要节点。

从这里的数十个码头，江南的油米、丝绸、布料等源源不断输送到京师。明清时期，无锡凭借优越的自然条件、便利的水陆交通和相对安定的社会环境，生产力得到较快发展。无锡西北的芙蓉湖经过几次大规模整治，造就大块良田。“春豆夏麦，秋收禾稻，中年之岁，亩得三石”，农业上的精耕细作，使得无锡粮食产量逐年增加。无锡大米与苏杭之帛、淮扬之盐、浮梁之瓷、温州之漆相提并论，名扬全国。

### 2. 北塘直接到南塘，百货齐来贸易场

明清漕运鼎盛时期，无锡集米码头、布码头、钱码头、丝码头于一身，运河宛如贸易繁华的水上市场。无锡城区的运河经历了“擦城而过”“穿城而过”“环城而过”3个阶段。汉代之前，运河擦城而过，大致是今梁溪东部；汉初，无锡城区扩大，将运河纳入其中，运河就穿越城区；到了明嘉靖年间，为抵御倭寇，官府将外城河和护城河连通，作为运河主航道，由此，大运河从无锡城环城而过。

与其他城市相比，运河对无锡的城市格局影响更大，形成了开阔的“物流空间”和“龟背”形布局，银、米、丝、布四大市场由此生发。城中商品极大丰富，明《竹枝词》描述道：“北塘直接到南塘，百货齐来贸易场。第一布行生意大，各乡村镇有银庄。”城外也店铺林立，明代文学家张岱在《陶庵梦忆》中记载道：“无锡去县北五里为铭山。进桥，店在左岸，店精雅，卖泉酒、水坛、花缸、宜兴罐、风炉、盆盎、泥人等货。”

无锡的码头影响力辐射到江浙各省，大运河上北去的商贾旅客，到此必下船，买一些窑器和米酒带走。时人有诗这样赞道：

> 一艘游船行驶在银装素裹的古运河内　贾军松 / 摄

万斛龙骧衔尾开，樯乌樯燕喜徘徊。

蜀山窑器名泉酒，个个船来买一回。

清末以来，无锡因靠近上海，商界、学界视野开阔，加上无锡人敢作敢为，成了近代民族工业的发祥地。多家工厂沿运河而建，比如清光绪二十一年（1895年）杨氏创办了无锡第一家机器纺织厂业勤纱厂，光绪二十八年（1902年）荣氏建成了无锡第一家机器面粉厂保兴面粉厂……古运河为无锡近代工业化发展揭开了新的一页。

### 3. 数字化续写运河新诗篇

中华人民共和国成立后，为解决无锡市城区段运河桥多、湾多、河浅、水急等问题，提高运力，保护古迹，开辟了自下甸桥（现为华清大桥）到蓉湖大桥这一段新运河，自此京杭运河绕城而过，航运条件大大改善，而且缩短了北部涝水入湖的距离。原莲蓉桥、亭子桥、清名桥至下甸桥段改称“老运河”，成为观景河，为老无锡的“乡愁之河”。

但非常遗憾的是，原来穿越无锡老城南门和北门的大运河主干道——京杭大运河唯一穿城而过的段落，于20世纪60年代被填平成现在的中山二路。为了让位给城市发展，古老的大运河付出了极大代价。

时光飞逝，沧海桑田。水乡泽国变成了旱涝保收的良田，农业

> 飞速奔驰的无锡地铁　陆佳敏 / 摄

的发展又促使商业和工业繁荣。如今，千年运河仍在滋养着现代都市，无锡人也在创造性地做好运河的保护和利用。比如借助无人机航拍、卫星图像巡检运河沿线生态；布设二维码对游客分布进行监测；利用物联网技术对码头、仓储、船舶等物流系统进行智能化匹配。数字大运河、智慧大运河，无锡正在探寻保护“母亲河”的新经验、新模式。

# 第十九章

# 绿浪东西南北水
# 红栏三百九十桥

## ——无锡大运河道

### 1. 运河明珠黄埠墩

黄埠墩，是京杭大运河无锡城区段北端一座四面环水，南北长约 30 米、东西宽仅 20 米的椭圆形小岛，面积比篮球场还小，南为江尖渚，北为双河口，是运河上绝佳的观景处。运河水紧贴黄埠墩分成两股奔流而去，而黄埠墩则稳稳地躺在河面上，任凭 2000 多年风吹浪打，又被人们誉为“天关”。

#### （1）玩山临水第一楼

泊船登上黄埠墩，更会发现它小巧玲珑。四周粉墙黛瓦，院内花草扶疏，宛若人家庭院。与运河船只往来的繁忙相比，格外清静悠闲。老无锡人都知道黄埠墩是个神奇的地方，素有“洪水淹不没，水枯不见底”之说。市民们乘公交车经过蓉湖大桥或者吴桥时，都会好奇地朝这个小墩台瞥上几眼。康熙皇帝把它比作水中兰花，乾隆帝称它是传说中的“蓬莱”，还有比喻成瀛洲、西湖湖心亭的。种种夸张的文学手法和赞美，令人浮想联翩。

春秋时期，环绕黄埠墩的芙蓉湖称“无锡湖”，湖面广袤，碧浪滔天，南北相望百余里，东西湖汊无数，在江南是仅次于太湖的水域。楚国春申君黄歇曾疏浚芙蓉湖，开挖申浦河，把水引入长江，据说他曾在黄埠墩扎营指挥。

在古代，交通运输以航船为主。公元前 210 年，秦始皇南巡经过无锡，黄埠墩已存在多年。如果秦始皇是乘船巡视的话，那么就是来到黄埠墩的第一位皇帝。

魏晋以来，为了增加粮食产量，开始填芙蓉湖造田，到明末时，湖面大为缩小。“田塍罗列，港汊纷错，桥坝尽排，村落显现”，水落“田”出，稻花飘香。清代以来，原来辽阔的湖面渐渐缩减成不到 20 平方千米的小湖圩，成为京杭大运河上的一段河道。

**（2）文天祥三过无锡**

由于地势独特，历史悠久，这块弹丸之地吸引了南来北往的文人墨客留此吟诗作对，其中不乏帝王将相，堪称名人题词密度最高的古迹之一。尤其是南宋名相文天祥三次在无锡停驻，留下千古佳话。

第一次是南宋理宗宝祐四年（1256 年），年仅 20 岁的文天祥赴临安科考，途经黄埠墩，四顾溪山邑屋之美，慨然道：“君子进而在朝，则行其道；退而在野，则乐其志。”此行他战果辉煌，皇帝从数百名进士中钦点他为当朝状元。

第二次来无锡时是南宋德祐元年（1275 年），元军大举南攻，无锡沦陷，常州也将失守。时任平江府知府的文天祥派遣部将前去增援，经过无锡。

第三次是南宋德祐二年（1276 年），文天祥变卖家产，征兵抗元，

> 清名桥、古运河水、弄堂在雾气笼罩下呈现出一幅水墨江南美景，别有一番风味
贾军松 / 摄

游客中心
LUC'S
BEER

可惜战败被俘，在被元军押往大都途中经过无锡。元军将文天祥拘押在四面环水的黄埠墩上。老百姓闻知文丞相被押至此，在运河两边跪得密密麻麻，哭声一片。文天祥感动不已，回想起20年前赶考经过这里的情形，吟成一首《无锡》：

金山冉冉波涛雨，锡水泯泯草木春。

二十年前曾去路，三千里外作行人。

英雄未死心先碎，父老相从鼻欲辛。

夜读程婴存赵事，一回惆怅一沾巾。

文天祥一生忠肝义胆，文韬武略，黄埠墩见证了他的起步、辉煌和鞠躬尽瘁，也算幸甚之至。

**（3）风雨楼台毁复建**

黄埠墩结构精巧，秀丽雅致，被誉为运河明珠，一直是江南胜迹。明代《锡山景物略》中说："墩上有文昌阁、环翠楼、水月轩，垂柳掩映，不接不离。登阁九峰环列，风帆片片，时过几案间。"风景之美，连艰苦朴素、不喜玩乐的"青天大老爷"海瑞，在任应天巡抚时也曾到这里赏玩，为环翠楼写下"玩山临水第一楼"的匾额。康熙皇帝第二次南巡来无锡时适逢夜晚，他夜宿黄埠墩，龙船停靠在墩边，隔岸"万姓欢呼，灯火匝地"。第二天早上，皇帝换乘小船去惠山游玩。

乾隆皇帝南巡时，无锡县为了接驾，提前在墩外围筑土，面积扩大了数尺，并用青石砌岸，营建御码头。乾隆皇帝龙心大悦，题写了楹联"梁溪溯远练，惠山濯翠螺"，还赋诗一首：

两水回环抱一洲，不通车马只通舟。

到来俯视原无地，攀徙遥吟恰有楼。

含雨湿云偏似重，隔湖烟屿望如浮。

惠山翠色迎眉睫，慢虑沾衣作胜游。

乾隆皇帝南巡回来后对这里的景色念念不忘，于是在颐和园昆明湖南端，仿黄埠墩建起了一座圆形小岛——凤凰墩。

清咸丰十年（1860年）5月底，黄埠墩上的佛寺在太平军攻克无锡时被焚毁。同治初年，江苏巡抚李鸿章复建黄埠墩僧舍，名为“圆通寺”，俗称“小金山寺”。可惜，1921年毁于火灾。1925年，无锡人唐保谦捐资重建，国民政府主席林森题写了“圆通寺”匾额。

1958年，因古运河改道，有碍施工，黄埠墩上的原建筑悉数拆除。1981年，将南门外张元庵戏台拆迁于此，名“正气楼”。阁高二层，鱼龙吻脊，飞檐翘角，雕梁朱柱，富丽堂皇。另建有围墙、望山楼、文天祥诗词碑、蓬莱门等。2014年，大运河成功入选世界文化遗产名录，黄埠墩也被纳入其中，成为遗产点。

## 2. 清名桥，这里最无锡

青砖黛瓦红灯房，碧水画船小弄堂。

日暮斜阳西风长，缘来梦里是吾乡。

对于漂泊在外的无锡人来说，清名桥古运河景区内的风景可能是最容易勾起乡愁的画面了。高高拱起的石桥，坑坑洼洼的桥面，

> 大运河边的两名学生在古运河清名桥上练习带操　贾军松 / 摄

千年古河蜿蜒而去。明清时的古窑、古宅、古寺、古塔、古巷、古码头分列两岸；桨声、波光、红灯笼，构成一幅绝美的江南风情画。

（1）水乡符号

清名桥是无锡现存规模最大的古石拱桥，距今已有400多年历史。其桥身造型简洁，桥栏上没有雕饰，每侧立两根望柱，质朴干净。桥长约43米，宽5.5米，高8.5米，全系花岗岩堆砌而

成。因两岸地势高低不等，桥两边的石阶数量不一。所处的南长街运河是无锡保留最完整、最出彩的古运河道。站在桥上，枕河人家尽收眼底，就像一个娴静的水上弄堂，被称为“绝版运河”。每逢初一、十五之夜，站在清名桥边可以看到两轮月亮：一个在天上，一个在水面——月光下的桥洞和水面上的倒影合成一轮圆月。20世纪80年代，有日本著名作曲家来无锡游览，被这里的风景陶醉，回国后创作了歌曲《清名桥》和《无锡旅情》，被歌手传唱一时，扩大了无锡和清名桥在日本乃至世界上的影响。20世纪90年代，还有一部百集电视连续剧《太湖人家·清名桥的故事》，以普通无锡人的视角展现了时代变迁，让清名桥闻名全国。

清名桥始建于明万历年间，最初为寄畅园主人秦燿的两个儿子捐资建造而成，因兄弟俩分别名太清、太宁，各取一字叫清宁桥。

> 银装素裹下的寄畅园　陆佳敏 / 摄

清康熙八年（1669 年）重建。清道光年间，因避讳道光皇帝的名字旻宁，改为清名桥，俗称清明桥。19 世纪中叶此桥在战火中被毁坏。清同治八年（1869 年），乡贤集资重建，后因南长街拓宽，将西堍内缩为南北分堍，设两面台阶。

**（2）绝版运河**

附近的老无锡人喜欢唤清名桥为“运河眼”，因为它是单孔石拱桥，在水里的倒影与拱形桥面连成圆形，就像一只大眼睛。这只“运河眼”已经静静地看了几百年的人来人往、落寞繁华。

桥东伯渎港有建于清末的祝大椿故居。祝大椿是清末民初著名实业家，人称“电气大王”。因创业有功，曾获清政府授予的二品顶戴衔，并被聘为农工商部顾问。

桥南是伯渎河，流经梅村至常熟。它原名泰伯渎，相传为 3200 多年前无锡人文始祖泰伯率领乡民开凿。吴王阖闾攻楚、夫差北上伐齐时，都曾经过这条河。

元代书画大家赵孟頫曾泛舟泰伯渎，对这里的景致大为欣赏，写下《夜泊伯渎》：

秋满梁溪伯渎川，尽人游处独悠然。
平墟境里寻吴事，梅里河边载酒船。
桥畔柳摇灯影乱，河心波漾月光悬。
晓来莫遣催归棹，爱听渔歌处处传。

伯渎河右面是大窑路，是明清时的砖窑所在地，如今遗迹尚存，于是就地建起了无锡群窑遗址博物馆。

> 寄畅园内唱昆曲　陈东霞 / 摄

清名桥西侧有南长街、广场和运河博物馆，左侧街巷称下塘，旧时店铺林立，戏院饭店，不一而足。有“上塘十里能兴市，下塘十里能烧窑”之说。桥北有 1929 年建造的大公桥，大公桥西面有永泰丝厂旧址。

近些年来，市政府把几十千米的古运河建设成生态风光带，伯渎河的石驳岸全部修好，并装上石栏，人行道用花岗岩石板铺地，两侧成排的花坛里种着花草树木。这里成了市民休闲的好去处。有的老人每天都会来这里走几趟，走上桥顶，又走下来，再走上去。“这就是咱家的桥。”他们说。

# 第二十章 温情和水酿成的城市

## ——无锡运河人文遗产

### 1. 太湖绝佳处，毕竟在鼋头

自古以来，烟波太湖就是寄情山水的绝佳去处。2000 多平方千米的湖面上，有大小岛屿 48 个，峰 72 座，如翠螺置于玉盘。太湖水哺育吴越儿女，浇灌江南沃土，更造就了江南人的精神世界。明代大才子文徵明在《太湖》（节选）诗中感慨道：

岛屿纵横一镜中，湿银盘紫浸芙蓉。

谁能胸贮三万顷，我欲身游七十峰。

“太湖美，美就美在太湖水。”这里四季景色不同，晨暮意境各异。太湖的最佳观景台就是位于无锡市西南，太湖西北岸的鼋头渚。初进公园大门，看到的是花木、庭园，却见不到太湖的影子。走出一段路，登上一个高阶，豁然开朗，浩瀚的湖面一下子展现在眼前。

鼋头渚独占太湖最美一角，是横卧岸边的一个半岛，因巨石突入湖中形似神龟而得名。向南望，苍茫无际，惊涛拍岸，有东海之滨的气概；向北望，帆影翩翩，翘角飞檐，如杭州西湖般明媚。

鼋头渚历史悠久，南北朝时就建有寺庙。茂林修竹、悬崖峭壁、摩崖石刻，同太湖水辉映成趣，被认为是无锡的“桃花源”。明代时，“太湖春涨”为“无锡八景”之一。东林党首领高攀龙常来此踏浪吟哦，留有“鼋头渚边濯足”遗迹。

民国初年，社会名流、达官贵人纷纷在鼋头渚附近营造私家花园，都由中外知名建筑师设计，争奇斗艳。不过由于蠡湖的阻隔，交通不便，园林之间往来不多。1934 年，著名企业家荣德生先生六十大寿，他利用寿礼在蠡湖架起一座长桥，把梅园、蠡园和鼋头渚等景区连成一片，奠定了鼋头渚公园的雏形。

中华人民共和国成立后，政府持续整修扩建，现在面积已近 2000 亩，分为十大景区，为鼋渚春涛、万浪卷雪、芦湾消夏、湖山真意、鹿顶迎晖、充山隐秀、藕花深处、十里芳径、中犊晨雾、三山映碧。一片真山真水的自然景色中辅以别具匠心的人工点缀，有“太湖第一名胜”之称。

鼋头渚地广景多，可先登临鹿顶山舒天阁远眺四方，一洗胸襟；再上鼋头渚，或盘桓于花径，或涉水于低滩，或坐礁凝思；最后乘船渡湖，一探仙岛灵秀，领略山水之美。主要景点有鼋头渚牌楼、长春花漪、七桅帆船、徐霞客铜像、藕花深处、无锡旅情、鼋渚灯塔、鼋渚春涛、摩崖石刻、震泽神鼋、澄澜堂等。景区一年四季皆有景可赏，以其“山不高而秀雅，水不深而辽阔”的无边风月，吸引着历代文人墨客和无数游人。

> 太湖鼋头渚美景　安立琨 / 摄

## 2. 寄畅园：乾隆 11 次巡幸

在江南私家园林中，惠山脚下的寄畅园不是最有名，却是最有故事的。500 年来，从一座疏野小园，出落成冠绝江南的名园，交织着数代主人起伏的命运。

寄畅园是无锡秦氏家族的私家园林，又名秦园。康熙帝南巡无锡时，对此园情有独钟。清康熙四十二年（1703 年），康熙第四次南巡临幸寄畅园，临行还带走了秦园主人秦德藻的长孙——秦道然，将其派往皇九子胤禟家中教书。秦道然升任翰林院编修，成为胤禟亲信，荣耀一时。后来秦道然在身不由己的情况下，被卷入了皇族内部纷争，自此命运跌宕起伏。

寄畅园随着声名鹊起，几十年后又收获了一位超级粉丝——乾隆皇帝。据史料统计，他竟然巡幸过寄畅园 11 次！《清高宗御制诗集》收录了他写过的 169 首关于寄畅园和惠山的诗，与无锡有关的诗合计达 619 首！

为了能随时“看到”江南山水，乾隆还依照寄畅园的样式仿建了北京颐和园内的谐趣园、圆明园内的廓然大公（后称双鹤斋）。

寄畅园最初为明嘉靖年间曾任兵部尚书的秦金所建“凤谷山庄”。明万历年间，湖广巡抚秦燿被解职后回乡扩建，取王羲之《答许椽》诗句“取欢仁智乐，寄畅山水阴”中的“寄畅”两字作名，构园景二十，每景题诗一首，自此名声日隆，享誉数百年。历经清末民初战乱后，园内衰败。1952 年，秦氏后人将园献给国家，陆续实施了保护性修复。

现寄畅园位于锡惠公园内，占地 10 余亩，古树参天，竹影婆娑，苍凉廓落，曲折清幽。以巧妙的借景、高超的叠石、精美的理水、洗练的建筑在江南园林中别具一格。园中有一大片碧水，名“锦汇漪”，取其汇集全园锦绣景色之意。南北长，东西窄，整个寄畅园的格局正是围绕它而展开。东面是临水亭廊，西面地势高处造假山，水面筑有石桥，周围的山、亭、廊、榭、树纷纷倒映池中。

卧云堂是全园主体建筑，当年为园主会客之所，取意自“白云已出岫，复此还山谷；幽人卧其间，常抱白云宿”。现在堂内的地坪是明代建造的。

九狮台是太湖石叠成的假山，湖石如大小不一、姿态各异的狮子，整座假山又像一只巨大的雄狮，伏于绿树丛中。据说这是根据元代无锡大画家倪瓒的《九狮图》画稿堆砌而成。狮首是全园最高点，登临俯瞰，全园景色一览无余。

园内最具文化底蕴的还属《寄畅园法帖》，200多方石刻散落在郁盘长廊、秉礼堂、含贞斋的墙上，是秦家在乾隆皇帝所赐《三希堂法帖》的基础上，搜集宋、元、明、清名家的墨迹精雕细刻而成。此外还有知鱼槛、嘉树堂、七星桥、涵碧亭、先月榭、邻梵阁等景点，各具特色。

有趣的是，徜徉园中，时不时能看到地面上用鹅卵石、砖块铺成4只蝴蝶扑向中间花朵的画面，这是为了展现词牌名“蝶恋花”的意蕴。园主人细腻如此，令人不禁称叹。

> 鸟瞰苏州夜景

# 苏州

# 第二十一章 至今不负天堂名

## ——苏州城市概述

苏州，古称吴，简称苏，又称姑苏、平江等，位于江苏省东南部，长江三角洲中部。东临上海，南接嘉兴，西抱太湖，北依长江，长期以来是江南地区的政治、经济、文化中心，如今是长江三角洲重要的中心城市之一，是国家级历史文化名城，堪称中国旅游的名片。苏州既有园林之美，又有山水之胜。寺观名刹，遍布城乡；自然人文，交相辉映，加之历代文人墨客题咏吟唱，是中外闻名的“人间天堂”。

### 1. 姑苏台上乌栖时，吴王宫里醉西施

苏州有文字记载的历史有2500多年，是吴文化发祥地。古时名为“姑胥”，后来吴王改为“姑苏”。“苏”的繁体字由草、鱼、禾组成，象征鱼米之乡，且与“胥”发音相近。今苏州仍有胥江、胥门、姑胥桥等地名。唐代诗人张继《枫桥夜泊》一诗，更是将“姑苏”扬名千载。

苏州历史上曾 7 次成为王国、封国的国都或陪都。

春秋时期，吴国国君寿梦在今苏州平门西北二里处筑城为宫，后来他的儿子诸樊营造了周长 5 里的“吴子城”。公元前 514 年，阖闾派伍子胥兴建新的国都，即史书中记载的阖闾城，苏州成为吴国的国都。

越灭吴后，始以苏州为都，后来迁都琅琊（今山东胶南境内），又再次迁回苏州，直到被楚国灭，前后历时约 57 年。后来，楚考烈王把苏州一带分封给春申君黄歇，于是苏州成为春申君父子的邦都，前后历时约 14 年。西汉初年，刘邦封刘贾为荆王，荆王府设在广陵，苏州是陪都。

东汉兴平元年（194 年），孙策割据江东五郡，虽然没有建国，但苏州是实际政权的中心。

东晋太宁四年（326 年），晋成帝设吴国（后吴），定都苏州 90 多年。西晋时期，由于中原战乱不断，大批士绅贵族举族南迁，给江南带来了先进文化和大笔财富，史称“衣冠南渡”。其中不少士族定居于苏州、常州一带， 他们兴建庄园，教化民众，促进了地方的发展。

隋炀帝开通南北大运河后，苏州由于物产丰盛，交通便利，成为运河沿岸四大都会（楚州、扬州、苏州、杭州）之一。北宋灭亡后，宋高宗赵构南渡，曾有 3 年时间驻跸苏州，后来才定都杭州。

## 2. 人稠过扬府，坊闹半长安

“君到姑苏见，人家尽枕河。古宫闲地少，水港小桥多。夜市

> 苏州园林

卖菱藕，春船载绮罗。”（唐杜荀鹤《送人游吴》节选）中唐以后，苏州日趋繁华，由区域性经济文化中心上升为全国经济文化中心，超越了扬州，发达程度仅次于都城长安。唐大历十三年（778 年），唐朝政府设苏州为江南唯一的“雄州”（唐制州分七等，“雄州”为二等），先后有韦应物、白居易和刘禹锡 3 位著名诗人担任刺史（地方最高长官），被誉为“诗人三刺史”。苏州的名称就此固定下来，并沿用至今。

宋代时的苏州商业发展虽然略逊于汴梁和临安，但农业发展则远胜之，史称“苏湖熟，天下足”。意大利旅行家马可·波罗来到中国，在其游记中对苏州大加赞赏，甚至和他的家乡威尼斯相提并论。明代时，苏州富甲天下，是最重要的粮仓和赋税基地，著名清官海瑞就曾在苏州任应天巡抚。明代中后期还出现了不少“机户出资，机工出力”的“机房”，是中国古代资本主义的萌芽。

明代书画大家唐伯虎曾有《姑苏杂咏》，生动描绘了苏州的盛世繁华：

长洲茂苑古通津，风土清嘉百姓驯。
小巷十家三酒店，豪门五日一尝新。
市河到处堪摇橹，街巷通宵不绝人。
四百万粮充岁办，供输何处似吴民？

到清中期时，苏州的发展达到巅峰。苏州向中央政府缴纳的粮、税占到全国十分之一，是仅次于北京的第二大城市，实际繁荣程度位居全国之首，是东半球最大的工商业城市。

苏州还是中国古代主要的文化中心之一，文风昌盛。明清两代全国共出 204 名状元，苏州即有 34 名。苏州籍名相重臣、学者大师更是层出不穷。这些人在告老还乡后营建私家园林，而这些园林以其精致典雅的构造和浓郁的士大夫风格备受时人赞赏，集建筑、山水、花木、雕刻、书画等于一身，是人类文明的瑰宝。

### 3. 世间乐土是吴中

整整五六百年里，苏州是全国时尚中心和文人最心仪的退隐之地。建筑设计、美食烹饪、音乐戏剧、服饰装扮……苏州流行什么，其他地方都会跟风，相当于今天的巴黎、纽约。

清朝后期时，大批工商界人士因战乱逃往上海租界避难。清末民初时，苏州的经济中心宝座让位给上海，逐渐凋敝。

中华人民共和国成立后，苏州的自然环境和遗产保护放在城市建设优先位置。20 世纪 90 年代以来，随着苏州国家高新技术产业开发区的发展壮大，苏州成为难得的经济、文化、环境齐头并进的生态园林城市，散发着历久弥新的光彩。

以苏州为中心，环绕着一大批名胜古迹、文物保护单位、水乡名镇和非物质文化遗产。如拙政园、留园、狮子林、大运河苏州段等世界文化遗产；昆曲、古琴、宋锦、缂丝等世界非物质文化遗产；文庙、瑞光寺塔、报恩寺塔等全国重点文物保护单位；平江路、山塘街等文化名街；虎丘、金鸡湖、吴中太湖旅游区等 AAAAA 级景区；周庄、同里、震泽、甪直、木渎等历史名镇，无论数量还是质量都在全国居于前列，成为无数游人的神往之地。

# 第二十二章 水与城的协奏曲

## ——苏州河城共生

苏州恰在江南运河的中点，北上镇江和南下杭州的距离大致相等。镇江对岸即是扬州，杭、苏、扬3座城都是江南的风貌，又各有不同。

苏州、杭州、扬州虽都精致，不过杭州有一种王朝故都的王气，扬州有盐商豪门的奢华，而苏州则多了一份文人士大夫的格调和吴侬软语的清丽。大运河一进入苏州，风仿佛温和起来，水也多情起来，过去那些才子佳人坐着画坊飘然至此，也是这样的感受吧。

### 1．君到姑苏见，人家尽枕河

京杭大运河苏州段北起苏州、无锡交界的望亭沙墩港，南至苏州、嘉兴交界的油车墩，全长82.35千米，约占江南运河总长度的2/5，沿线分布着大量古迹。2014年，大运河成功入选世界文化遗产名录，其中就包括苏州城区运河故道（含山塘河、上塘河、胥江和环古城河）和现京杭运河苏州至吴江段河道。遗产点包括山塘历史文化街区、

> 苏州运河穿过老城

> 苏州斜塘老街夜景　徐开成 / 摄

> 苏州荷塘上的廊桥　魏尧 / 摄

虎丘云岩寺塔、平江历史文化街区、全晋会馆 4 个运河相关遗产和盘门、宝带桥、吴江古纤道 3 个水工遗存。作为大运河沿线重要城市，苏州还是唯一以古城概念申遗的城市。

一段河道，一座古城，一条文脉。京杭大运河苏州段是保存中国古代灿烂文化的长廊、博物馆和百科全书。

在人们的印象里，苏州是个适合赏玩的地方：优雅的园林、悠扬的昆曲、幽深的小巷和莲花一样的美女……但历史上的苏州却是以壮士雄风闻名。

春秋战国以来，吴、越、楚“城头变幻大王旗”，演绎了无数慷慨悲歌。像卧薪尝胆、天罗地网、鸟尽弓藏这些杀气腾腾的成语就出于吴越一带。由于战争频发，古代最精良的青铜兵器大都出自吴越，比如名满天下的宝剑——干将、莫邪。“男儿何不带吴钩，收取关山五十州”，吴钩是与英雄本色联系在一起的。

苏州是怎样从兵荒马乱之地成为温润旖旎的“人间天堂”的呢?

## 2. 翠袖三千楼上下，黄金百万水西东

早在春秋战国时期，苏州便被纳入运河体系之中。伍子胥开凿胥江，引太湖入城，并辟水路城门 8 座，那时起苏州就是一座“水城”。吴王夫差开凿了邗沟，南北开始互通，加上土地肥沃，奠定了苏州富庶的基础。

隋唐以后，全国经济中心向江南转移。隋大业六年（610 年），隋炀帝缀连江南运河作为漕运通道。运河苏州段经浒关至枫桥，一路东趋阊门，入南濠；另一路由彩云桥向东入胥门，折南进入外城河，

经盘门、觅渡桥与吴江段运河相连。大运河坚实的臂膀，挽起了沿岸城市群的繁华。自隋以来，苏州城西南的封桥地处水陆要道，发展成米豆、粮油、丝绸、杂货的集散地。唐代时，张继的《枫桥夜泊》扬名四海，“枫桥”遂成为约定俗成的名字，四方游人纷纷前来观光怀古，演变成苏州一大景点。

中唐时期，苏州成为江南第一州。由于物产丰盛，人杰地灵，“人间天堂”的美名渐渐流传开来。文人墨客云集，留下一首首怀古、抒情、写景的诗篇，给苏州增添了一分瑰丽的色彩。南宋时，平江府（苏州）是北方的金国使臣、商贩等往来临安府（杭州）的必经之地，建有全国数一数二的大驿馆——姑苏驿。

元世祖忽必烈开通京杭大运河后，由于城池紧挨这一大动脉，人烟稠密，帆樯林立，属于苏州的繁华盛世降临了。明清时，阊门被喻为“天下第一码头”，“江南四大才子”之一唐伯虎有一首《阊门即事》写道：

世间乐土是吴中，中有阊门更擅雄。

翠袖三千楼上下，黄金百万水西东。

《红楼梦》一开头也有这样描写：“当日地陷东南，这东南一隅有处曰姑苏，有城曰阊门者，最是红尘中一二等富贵风流之地。”可见苏州在时人心目中的印象。至清道光二十三年（1843 年），苏州人口已达 60 多万，仅次于北京。

可惜，随着封建帝制的溃败，苏州也成了清王朝的祭品。农民起义风起云涌，苏州资本大多迁往上海，损失惨重，间接造就了上海的兴旺发达。终于，苏州从江南第一大都市的位置上跌了下来，上海成为后起之秀。

### 3. 黄金水道，天堂走廊

中华人民共和国成立后，为了适应新时期的发展，京杭大运河苏州段进行过多次修浚，并增挖运河成为主力航道，而古运河更多承担观景、游览功能，展现古都风貌。现在的运河苏州段分为西、中、南 3 段：西段自望亭的五七桥至枫桥，称为苏锡段，河线顺直，水流偏东西走向。中段原自枫桥绕苏州古城阊、胥、盘三门外的闹市区，穿觅渡桥南下宝带桥，称为市河段。1959 年，改由枫桥直南入胥江再至盘门入大运河原线。1985 年，为进一步改善航道和城市环境，于横塘南开辟新河，穿越胥江汇入大运河原线。南段原自宝带桥，经吴江市出省至浙江嘉兴，称苏嘉段。1980 年后，为缩短航线，在平望镇西新辟河道，取道江浙交界处的鸭子坝直趋杭州，自此运河主航线不再经嘉兴。目前，京杭大运河苏州段全线为四级航道标准，是全国第一条标准化文明样板航道。

# 第二十三章 大运河最闪亮的一段

## ——苏州大运河道

### 1. 七里山塘一水通，画船罗绮妒秋风

苏州古城西北的山塘河，东南起于红尘中“一二等富贵风流之地”的阊门护城河，西北至西山庙桥，紧邻“吴中第一名胜”虎丘，全长约 7 里，故称“七里山塘到虎丘”。沿河为山塘街，史载“吴人常时游虎丘，每于山塘泊舟耍乐，多不登山”。其由于独特的地理位置、优越的水陆交通条件和保存完整的街区风貌，成为吴文化的窗口和苏式生活体验地，是世界文化遗产大运河苏州段的典型河道。

#### （1）白公堤上诗名扬

山塘街可分为东西两段，东段从阊门渡僧桥起至半塘桥，这一段大多为商铺和居民，以星桥一带最为热闹；西段指半塘桥至虎丘一段，这一段渐近郊外，河面开阔，绿树成荫，芳草依依，多了一份蒹葭苍苍的野景，还有普济桥、野芳浜、“五人墓”、“葛贤墓”等古迹胜地。

山塘河的开挖，跟唐代大诗人白居易有很深的渊源。唐宝历元年（825 年），白居易任苏州刺史，一向关心民生疾苦的他，为了

> 载着游客的一艘仿古游船从苏州山塘河水面驶过　陈扬 / 摄

保障舟车便利，对城外西北河道进行疏浚，利用自然河浜挖成直河（由阊门外护城河直达虎丘山麓），即为山塘河。又把挖出的泥土堆成长堤直通虎丘，后人称为“白公堤”。由于堤面平整，连接了阊门闹市与名胜虎丘，来往行人络绎不绝，逐渐成为繁华的商业街，即今山塘街。

做了这件功德无量的好事后，白居易自己也非常满意，还作了一首《武丘寺路》（当时山塘街被称武丘寺路，虎丘名为武丘），诗曰：

自开山寺路，水陆往来频。

银勒牵骄马，花船载丽人。

芰荷生欲遍，桃李种仍新。

好住湖堤上，长留一道春。

到明万历三十八年至三十九年（1610—1611年）时，国力衰败，河道年久失修，长洲（时为苏州府下面的一个县）县令韩原善捐出自己的俸薪，助工修堤，故又称这段河道为韩公塘。绿水桥西曾有“韩公塘”石碑，毁于20世纪60年代后期。清光绪二十八年（1902年）修筑沪宁铁路时，铁道桥斜穿山塘河。

**（2）酒旗列肆，灿若云锦**

山塘河与山塘街水陆并行，有古桥14座，自唐以来一直是商品集散地，商贾云集处。街边建筑精致典雅，格局疏朗有致，店肆林立，会馆集聚。有民谣唱道：“杭州有西湖，苏州有山塘。两处好地方，无限好风光。”清乾隆年间，著名画家徐扬创作的《姑苏繁华图》长卷，挑选了当时苏州的一村、一镇、一城、一街进行描摹，其中一街画的就是山塘街，记录了当时“居货山积，行云流水，列肆招牌，灿若云锦”的盛景。

古往今来，山塘都是文人将相帝王的钟爱之地。唐伯虎、康熙、乾隆皇帝都曾流连于山塘街岸。清代大诗人、大书画家张问陶晚年寓居于山塘街青山桥和斟酌桥间，因其寓所左近白居易祠，遂名“乐天天随邻屋”，朝夕与好友诗酒唱酬。街巷的深处，还秘藏着众多故事传说。比如五人墓安葬着明末颜佩韦等5位抗议阉党的义士；弹词名篇《玉蜻蜓》中的经典段落《桐桥得子》在这里找到灵感；《红楼梦》开篇里的十里街和葫芦庙隐喻着山塘街和普福禅寺；文化团体“南社”在这里驻扎活动；国际著名建筑大师贝聿铭的家族从这里走向繁盛……

**（3）春风七里，世界遗产**

20世纪80年代以来，山塘街启动了保护性修复工作，严格遵循“保护风貌、修旧如旧、延年益寿、有机更新”和“分级分类保护”的原则，恢复砌石驳岸，铺砌条石路面，修葺文化遗产。沿线古迹鳞次栉比，如线串珠，有阊门城楼、唐少傅白公祠、御碑亭、冈州会馆、正社、安泰救火会、通贵桥、玉涵堂、古戏台、五人墓、江南船文化博物馆、商会博物馆（原汀州会馆）等。无论春光旖旎，还是红叶飘零，四季都有不同的韵味。

由于措施到位，卓有成效，山塘街荣获“中国文化遗产保护典范单位”，被评为“中国历史文化名街”。为了便于游人观光，还开辟了不同档位的旅游线路，充分展现“绿浪东西南北水，红栏三百九十桥”“处处楼前飘管吹，家家门外泊舟航”的动人画卷。街道两边或清晰或模糊的历史痕迹，默默向后人讲述着姑

苏的盛世繁华。

## 2. 几度经过忆张继，乌啼月落又钟声

一首《枫桥夜泊》，让本已成为“江南第一州”的苏州更是笼

> 苏州山塘街区　王建康 / 摄

罩上一层诗情画意，成为无数文人墨客此生必游的胜地。

枫桥位于苏州西郊虎丘区枫桥街道，为了保护这张苏州名片，20世纪80年代以来，这里建成了以寒山寺、铁铃关、枫桥镇、大运河、枫桥等为主要内容的枫桥风景名胜区，该风景名胜区以历史遗迹众多、吴地风味浓郁、文化内涵丰富、观赏性强而闻名，是游客解读苏州的绝佳选择。

**（1）流传1200多年的绝唱**

为了纪念张继和枫桥“邂逅”的佳话，景区内的枫桥苑立着一尊张继像，安详端庄，神思天外，仿佛正在凝神聆听寒山寺的108下钟声。

枫桥，在寒山寺北，距山门不过百步之遥，犹如一弯新月横跨枫江之上。枫江又称枫桥塘、枫里星河，南接胥江、越来溪，是苏州古城和太湖的北上水道。当年张继夜泊时所见的唐代古桥早已不存，现在这座单孔石桥是清同治六年(1867年)重建，长约40米，宽5米多，东堍与铁铃关相连。

隋唐时期，枫桥因位于大运河、古驿道和枫江交会处，舟车交会，行人密集，逐渐成为粮油、丝绸、杂货的集散地。每晚苏州城门关闭，运河封航，桥边便停满等待天亮过关的漕船，故名“封桥”。1200多年前，唐代天宝年间诗人张继路过这里，停泊待旦，以一首千古名作《枫桥夜泊》描述了绝美的风景：

月落乌啼霜满天，江枫渔火对愁眠。
姑苏城外寒山寺，夜半钟声到客船。

当旅人被幽幽的乡愁萦绕时，忽然，一记钟声拖着悠长的余音，惊醒了山间的栖鸟，天地越发显得空灵而阔大。随着诗作名扬天下，这座原本普通的江南石桥的名气也响彻大江南北，甚至传到日本。“苏湖熟，天下足”。从唐代开始，枫桥日渐成为重要的漕运枢纽。官府还在这里设置了检查漕船的关卡。为了防止缺斤少两，用标准粮斗进行抽查，俗称“枫斛”。唐玄宗时期，漕运开始实行分段转运法，运量大大提高，平均每年运送漕粮 200 多万石，其中近百万石漕粮经此转运。安史之乱后，江南地区成为朝廷征粮的主要来源地，当时有“漕吴而食”的说法。

由于人流密集，沿河形成两条市街——枫桥大街和寒山寺弄，随河成市，因水成街。宋元之际，枫桥市肆已闻名遐迩，“公家运漕，私行商旅，舳舻相继”。

南宋时，大诗人陆游投笔从戎，西赴巴蜀，途经苏州写下思虑深沉的《宿枫桥》：

七年不到枫桥寺，客枕依然半夜钟。

风月未须轻感慨，巴山此去尚千重。

明代以后，随着南北经济差距的拉大，漕运成为中央政府的生命线。受此影响，枫桥市镇愈加繁荣。明中叶，苏州已成为江南重要的米粮、丝绸、棉布集散中心，各地客商云集阊门、胥门一带。枫桥作为连接苏州城与其西北农村的商业重镇，且为漕船进出要冲，更是人烟稠密。正如唐伯虎诗云：“金阊门外枫桥路，万家灯火迷烟雾。”

**（2）枫桥依旧吴歌新**

明末清初，因上塘河水浅，舟楫过密，河道常常堵塞，于是官府拓宽了枫江的河道，使得船只可以由胥江直接驶入外城河，形成两条漕运航道并存的局面。枫桥位于航道分岔口，地理位置变得更加重要。清代，这里成为全国最大的粮食集散地，有“枫桥塘上听米价”之说。

清咸丰十年（1860年），太平天国的军队攻陷苏州城。清政府在撤退之前，放火烧城，枫桥古镇化为废墟。虽然清末以来经过复建，慢慢恢复了街市景象，但不复漕运高峰时期的盛况。

现在的枫桥景区从1986年开始规划，被政府纳入国家旅游发展计划。经过多年建设，枫桥景区成为环境优美、景观丰富的水乡名胜，包括枫桥苑、明代抗倭遗迹铁铃关、枫桥书场等，近些年来又恢复了唐灯、明清街坊、江枫草堂、惊鸿渡等古迹，增添了古戏台、渔隐村、听钟桥等民俗建筑。这里还有利用先进的光影技术、模型再现漕运历史的漕运展览馆；集结十几位苏州民间艺术大师展示作品并表演技艺的苏艺名人坊；向游客展现古代粮食运输、储藏、加工全过程的米行；用数十种花木营造天然野趣的园林……

登上桥边的铁铃关阁楼，只见古镇粉墙黛瓦，前街后河，错落有致。酒肆茶楼相倚，吴歌丝竹相闻。既有姑苏水乡之秀，又有古道关隘之雄。游人还可以乘坐游船，“朱楼映绿水，画舫泛碧波”，饱览桥、关、镇、刹的清幽景色，领略“朝之轻烟、午之浓荫、夕之鸟语、夜之月明”的山水意境。

### 3. 盘门：绝版水陆城门

位于苏州城西南，古运河之畔的盘门已有近700年历史，是中国现存唯一的水陆并列古城门，苏州古城标志之一，有“北看长城之雄，南看盘门之秀”之说。

盘门风景区以著名的“盘门三景”——瑞光塔、吴门桥和盘门城楼为主体，囊括了河、城、楼、桥等层次丰富的景观，既有小桥流水的俏丽，又有“霜重鼓寒”的壮美。

**（1）雄峙水陆，城阙深深**

早在 2500 年前，吴王阖闾命伍子胥筑吴国都城，盘门为吴都八门之一，古称蟠门。门上曾悬有木制蟠龙，以震慑越国。由于占据水陆要塞，汉唐以来一直是人流往来的码头。

南宋著名诗人范成大在路过盘门时，写下《晚入盘门》，记录了当时秀美的风光和沿街富庶的景象：

人语嘲喧晚吹凉，万窗灯火转河塘。
两行碧柳笼官渡，一簇红楼压女墙。
何处采菱闻度曲，谁家拜月认飘香。
轻裘骏马慵穿市，困倚蒲团入睡乡。

因战乱毁坏，元至正十一年（1351 年），官府在原址重建盘门。元末起义领袖张士诚自称吴王时，在盘门增筑瓮城。明清时盘门被数次修缮，如今总体格局基本保持着元末明初的风貌。

盘门设计因地制宜，结构严谨，具有极高的文物价值。水陆两门均设有巨大的闸门，用盘车提升或关闭，可控制往来行人与船只，便于设防守城。

水门在陆门南侧，有内外两重，前后分置水闸和木栅，现仅存

> 苏州寒山寺

> 枫叶映衬下的寒山寺一角　杨琦 / 摄

门臼等遗迹。两门之间有暗道通向城楼。

陆门也分内外两重，两门之间设有瓮城，可藏卒数百，以备夹击敌人。外门在瓮城东北方向，内门偏瓮城西南。为增强稳固性，门外左右加筑梯形护墙，还开有对付敌方火攻的灌水口。西南处正面有“盘门”城额，北侧有登城坡道。

盘门现有城墙全长300多米，高5米多。登上城楼，雉堞、垛口、射孔、炮洞、闸口、绞关石、天井（防火设施）等设施历历在目。

古代盘门乃兵家必争之地。为重现昔日吴都风貌，城楼正前方及东南方向架有3尊清代制造的土炮，让人不禁遥想起当年炮火纷飞、硝烟弥漫的攻防场面。

（2）盘门三景，吴越遗风

盘门东北为瑞光寺塔，相传为三国时孙权为报母恩所建，是苏州最早的佛塔。现塔为北宋景德元年（1004 年）在原址重建，七级八面，逐层收缩，秀美古朴，体现了唐宋之际的古塔风格和结构特点。

紧靠盘门的吴门桥，是苏州市区现存最高的古石桥，始建于北宋元丰七年（1084 年），清代重修成单孔石拱桥。拾级而上，但见桥下舟船往来，城楼巍峨，古塔生辉，远山近水尽收眼底。

20 世纪 70 年代以来，政府先后对年久失修的陆门和水门进行维修加固，并修复城台四周女墙、垛口和登城坡道。1983 年，整修东段城墙约 300 米，1986 年，在陆门城台原址循古制重建了歇山式三开间两层城楼。

盘门景区融园林古建、水乡风情、河池亭榭、湖光山影为一体，既不失古朴沧桑的历史感，又兼具清新、明快的现代气息。加上数万平方米的绿化景观和大型生态停车场，整体规划更趋合理、完善，成为苏州环城绿化带上的一处亮点。

每年端午节，苏州市政府还会在景区举办盛大的庆典活动，包括伍氏宗亲祭祀、花式粽子展示、端午诗会、文艺汇演等，让游客在休闲中感受吴文化的深厚底蕴。

# 第二十四章 吴侬软语透画屏

## ——苏州运河人文遗产

### 1. 昆剧，诗意苏州的唯美诠释

“呀……”锣点一起，恍惚间听得远远传来一声婉转悦耳的唱腔，长长袅袅。只见演员水袖流连，道不尽风情楚楚，一唱三叹，说不尽九转回肠。似二月新柳，如三月春风，轻轻撩拨人心——这就是昆曲的美妙。来苏州，听一场昆曲，做一个如《牡丹亭》般绮丽的梦，成了游人的保留节目。

#### （1）浅吟低唱吴中韵，软糯细腻百媚生

昆曲已有 600 多年历史，唱腔华丽婉转、念白儒雅、表演细腻、舞姿飘逸，是融文学、戏剧、表演、音乐、美术于一身的综合舞台艺术。那明媚靓丽的杜丽娘、血溅桃花扇的李香君、清雅出尘的林黛玉让古往今来、大江南北的观众如痴如醉。明清以来，很多剧种吸收了昆曲的养分发展壮大，所以昆曲被称为“百戏之师”。

2001 年，昆曲被联合国教科文组织列入首批“人类口述和非物

> 苏州园林内演出的戏剧演员　李浩军 / 摄

质遗产代表作”名录，标志着昆曲的价值得到全世界的公认。昆曲起源于明初流行于苏州昆山的“昆山腔”，吸取了地方音乐及吴语特点。明嘉靖年间，音乐家魏良辅在昆山腔的基础上，汇集南北音乐长处，整合出一种新式曲调，加上其他乐师对伴奏乐器进行了改造，使唱腔变得婉转、细腻、悠远，时人称为“水磨腔”，昆曲就这样诞生了。当时的苏州富甲天下，在经济、文化等方面领先于其他城市，昆曲以其独特魅力迅速征服了各地观众。

明万历年间，伟大的剧作家汤显祖写出了《牡丹亭》，大胆地将闺阁少女的爱情幻梦搬上舞台，引起巨大轰动。一些文人名士纷纷加入剧本的写作中，昆曲创作进入全盛期。明代中后期，昆曲班子沿着京杭大运河来到北京，大受欢迎。由于士大夫阶层的推崇，昆曲甚至进入宫廷，把皇帝发展成昆曲爱好者。史载明天启皇帝善演戏，南明弘光帝也很钟爱昆曲，有“弘光好伶人，与唐庄宗同”的说法。清代前、中期，昆曲发展达到巅峰。清康熙年间，出现了洪昇的《长生殿》和孔尚任的《桃花扇》两部经典作品。康熙、乾隆二帝都是戏迷，乾隆巡视江南时，“因喜昆曲，回銮日，即带回江南昆班中男女角色多名”。《红楼梦》里有多次演剧活动的描写，绝大多数是表演昆曲。

不过，清朝中叶以后，各地方戏曲逐渐兴起。相比格调高雅、贵族化倾向的昆曲，这些地方戏曲更贴近生活、贴近观众，形式更为多样。尤其是京剧，吸收了昆曲等的优点逐渐成长起来。清末到民国年间，京剧成为中国戏剧舞台上的主角，昆曲逐渐边缘化。1949 年前，全国范围内已经没有一个职业昆剧团。

### （2）人间烟火姑苏城，轩窗临水丝竹鸣

20 世纪 50 年代，一部昆曲电影《十五贯》以其跌宕起伏、扣人心弦的故事情节火遍大江南北，昆曲重回民间。在政府扶持下，数家昆曲院团陆续恢复。昆曲虽然没有火爆，但像一朵散发着幽香的兰花，在舞台边一枝独秀。

改革开放以来，为了适应时代变化，吸引年轻观众，一些剧团对经典剧目进行了改编，情节更流畅，节奏更明快，舞美更现代，既保持原作特色，又符合当今审美。在那些设计感十足的剧场里，笛声悠扬，唱腔婉转，一场场生离死别，让观众不知不觉走进那如梦似幻的古典江南之中。

近些年来，由于一些文化名人的推动，加上“世界文化遗产”金字招牌的号召力，昆曲成为一种高品位的文化娱乐。一部青春版《牡丹亭》，让北上广的无数白领变成昆曲的“粉丝”，甚至在大洋彼岸的演出也非常成功。

为了弘扬昆曲文化，政府还在苏州平江历史保护区建立了中国昆曲博物馆，馆内收藏着许多珍贵的昆曲及其他剧种的文物资料，兼具陈列、展演、研究功能。昆曲成为苏州的一张名片。如今走在苏州小巷，耳边时常传来“咿咿呀呀”的唱腔，绵软细腻，就像江南的细雨和小河的柔波，即使对昆曲一窍不通，听罢也会生出由衷的赞叹。

## 2. 拙政园——中国私家园林之首

苏州以古典私家园林闻名于世。伴随着淙淙流水，跨过圆圆的

> 苏州拙政园风光小景 1　丁杰 / 摄

月亮门，曲径通幽，竹影花香，移步易景，是苏州馈赠给世人最美好的画面之一。

苏州之行，城东北隅的拙政园是必去的景点。它是中国四大园林之一，历代留下了无数文人雅士的诗词曲赋，赏明月清风，叹悲欢离合。苏州四大园林中，狮子林以假山著称，沧浪亭以水景见长，留园以布局精致闻名，拙政园面积最大，山水萦绕，匾额、楹联、书画处处是名家手笔，是江南私家园林的巅峰之作，对北京的皇家园林建设也有很大影响。

**（1）绝怜人境无车马，信有山林在市城**

拙政园始建于明正德初年（16 世纪初），最初的主人是因官场失意而归隐还乡的御史王献臣，取晋代潘岳《闲居赋》中“灌园鬻蔬，以供朝夕之膳……此亦拙者之为政也”之意，名为“拙政园”。“广袤二百余亩，茂树曲池，胜甲吴下”。明嘉靖年间，著名画家文徵明依园中景物绘图 31 幅，并作《王氏拙政园记》。

此后随着朝代更迭，风云变幻，拙政园换了多任主人，都为豪商大贾或文人学士，在园中留下了各自的痕迹。清康熙二十三年（1684 年），康熙皇帝南巡曾来此园赏玩。清乾隆年间，文人墨客喜欢在此雅集燕饮，袁枚、赵翼、钱大昕等名人都曾相继来此，流连赋诗。

拙政园水面约占园林面积的 1/3，竹篱、茅亭、草堂与自然山水融为一体，简朴素雅，曲折自然，体现了明代“池广林茂”的造园特点。

庭院空间曲折变幻，采用了欲放先收、欲扬先抑等各种手法，突破自然局限，小中见大，相映成趣，获得丰富的视角变化。园内遍植各种植物。春日，山茶如火，玉兰如雪；夏日，荷叶田田，鱼戏水中；秋日，芙蓉如锦帐重叠，菊花似五彩绣球；冬日，老梅偃仰屈曲，独傲冰霜。还有海棠春坞的海棠、倚玉轩的竹、待霜亭的橘、听雨轩的芭蕉、得真亭的松……

至清末时，园内格局形成东、中、西3个相对独立的小园和南边住宅区：

东部原称“归田园居”，布局以平冈远山、松林草坪、竹坞曲水为主，风格疏朗明快，主要建筑有兰雪堂、芙蓉榭、天泉亭、缀云峰等。中部是拙政园主景区，为其精华所在。以水池为中心，遍植荷花，亭台楼榭四面分列，主次分明。“远香堂”为主体建筑，取自周敦颐《爱莲说》中的“香远益清”。它位于水池南岸，隔池与东西两山岛相望，岛上林荫匝地，水岸藤萝纷披。周围还有倚玉轩、玉兰堂、小沧浪、见山楼、枇杷园等。西部布局紧凑，风格更为工巧。装饰华美，回廊起伏。主要建筑为三十六鸳鸯馆，是当时园主人宴请宾客和听曲的场所。晴天由室内透过蓝色玻璃窗观看室外，犹如一片雪景，别有情趣。还有一座“与谁同坐轩”，名字取自苏东坡词句“与谁同坐，明月，清风，我”，让人顿生心旷神怡之感。

整座园子白墙灰瓦，深深浅浅，就如淡色水墨画。画卷再展，各色鲜花草木依次展露，增添了些许色彩，衬得园子在明丽中愈发宁静。春有百花秋有月，夏有凉风冬有雪，任谁来到这里都会才情四溢，诗兴大发。

**（2）清风明月本无价，近水远山皆有情**

民国年间，社会动荡，园内亭阁倾圮，枯苇败荷，荒秽不堪。

> 苏州拙政园风光小景 2

中华人民共和国成立后，拙政园收归国有，文物管理部门聘请专家名匠浚池叠石，植树莳花。山、水、桥、亭、厅、堂等皆按原样修复，还新建了大门、芙蓉榭、涵青亭、秫香馆等。拙政园中、西、东三部合而为一，成为完整统一又各具特色的名园。几十年来，修补不辍，各类碑刻、匾额、楹联、家具等也陆续整旧如旧。

1997年，拙政园被联合国教科文组织列入《世界遗产名录》，成为东方园林艺术的代表。2007年，拙政园被批准为国家首批AAAAA级旅游景区，同年，园林博物馆新馆建成，周边环境得到改善。

21世纪以来，拙政园旁边建起由国际建筑大师贝聿铭主持设计的苏州博物馆新馆，以国际化的手法诠释中国古典园林美学，成为享有世界声誉的东方建筑。

为了让游客更充分地感受苏州这座园林城市的诗情画意，拙政园每年还会举办杜鹃花节、荷花节、菊花展，到处莺歌燕舞，万紫千红，成为市民喜闻乐见的新民俗活动。